The Power Of Positive Confrontation

正向沟通
非暴力人际沟通技巧

[美]芭芭拉·派崔特(Barbara Pachter)/著
张琨/译

古吴轩出版社
中国·苏州

图书在版编目（CIP）数据

正向沟通：非暴力人际沟通技巧/（美）芭芭拉·派崔特（Barbara Pachter）著；张琨译.—苏州：古吴轩出版社，2017.11

书名原文：THE POWER OF POSITIVE CONFRONTATION

ISBN 978-7-5546-1031-2

Ⅰ.①正… Ⅱ.①芭…②张… Ⅲ.①人际关系学 Ⅳ.①C912.11

中国版本图书馆 CIP 数据核字（2017）第 261901 号

THE POWER OF POSITIVE CONFRONTATION,2nd Edition by Barbara Pachter
Copyright © 2000,2014 by Barbara Pachter
Simplified Chinese translation copyright © (2017) by Beijing Land of Wisdom Books Co.,Ltd.
Published by arrangement with Da Capo Press,a Member of Perseus Books LLC
through Bardon-Chinese Media Agency
博達著作權代理有限公司
ALL RIGHTS RESERVED

责任编辑：蒋丽华
见习编辑：薛　芳
策　　划：梁珍珍　张　丽
装帧设计：平　平

书　　名	正向沟通：非暴力人际沟通技巧
著　　者	［美］芭芭拉·派崔特（Barbara Pachter）
译　　者	张　琨
出版发行	古吴轩出版社
	地址：苏州市十梓街458号　　邮编：215006
	Http://www.guwuxuancbs.com　　E-mail：gwxcbs@126.com
	电话：0512-65233679　　传真：0512-65220750
出 版 人	钱经纬
经　　销	新华书店
印　　刷	三河市兴达印务有限公司
开　　本	690×980　1/16
印　　张	18.75
版　　次	2017年11月第1版　第1次印刷
书　　号	ISBN 978-7-5546-1031-2
著作权合同登记号	图字10-2016-136号
定　　价	39.00元

如发现印装质量问题，影响阅读，请与印刷厂联系调换。0316-3515999

谨以此书献给我的父母——
艾斯特·派崔特和维克多·派崔特。

对本书的赞誉

芭芭拉·派崔特的这本书具有很深的洞察力，对于交际沟通这一领域具有非常深远的意义。读完这本书后，当再次遇到困扰时，你就会知道该如何处理和应对那些棘手的问题，而不是一味抱怨和逃避。我认为，每个人都应该静下心来认真地读一读这本书。

——沙伦·J.沃尔穆特，《纽约时报》畅销书作家

这是我读到的最精彩的励志书籍之一。对这本书，我有一种相见恨晚的感受，如果之前我就读过这本书，可能早已解决了困扰我多年的一些问题。我们每天都会面临新的挑战，而这本书为我们提供了及时的帮助，以及新的解决办法。

——拉里·金，著名电视节目主持人

在各种商务场合中，如果你希望能够做到应对自如，学习到与人沟通时所需的各种技巧，以及在商务礼仪等方面的行为规范和礼仪准则，那么，这本书就是你的正确选择！

——玛德琳·钟，费城儿童医院院长

派崔特再次为大家奉献了一部精彩的作品，在书中，她向读者介绍了商务礼仪的规范，以及与客户沟通的关键性技巧，这些技巧的实用性很强，在工作和生活中能很好地帮助我们。

——约瑟夫·A.巴龙，药学博士，罗格斯大学教授，厄内斯特·马里奥医学院院长

派崔特为读者提供了切合实际的建议，无疑能帮助人们在商务交往中表现得更自信、更高效。

——伊丽莎白·沃克，全球精英管理（金宝汤）公司副总裁

前 言

我是一名有着二十余年资历的商务沟通培训师，专门从事人际沟通和礼节训练、指导等工作。

几乎从第一天开始，在我的研讨班上就有人提出他们的看法。有时，他们也会在早餐时、研讨班结束后找到我，跟我分享他们与一些难以相处之人的相处经历。

参加我的研讨班的人员来自各行各业，从世界500强公司的高级副总裁，到会计事务所的行政助理。虽然他们的背景不同、经历各异，但是，一次又一次地，这些参加者都表达了相同的急切需要——跟我谈论他们在生活中遇到的冲突和困境，并希望能得到我的帮助。

以下列出的这些令人感到挫败的情绪表达，我不知道听人说过多少遍了：

我的上司不公平。

我的员工贪便宜。

我的邻居是如此不体谅人。

我的"奇葩同事"简直把我气疯了。

我感觉自己就是一个很容易被打败的人。

……

在说完他们的事情之后，他们总是会问——"我该怎么做？"

有些事情我听了之后感觉心都要碎了。我为那些人感到难过；有时候，我会感同身受，如身临其境。

我觉得，总有一些时刻，别人的不当言行会把我们弄得沮丧不已，或者瞠目结舌、难以忍受。

我带着同情的心理倾听他们的遭遇，但最后，我总想握一下对方的手，然后跟他（她）说："为什么要为了这些一筹莫展呢？试着做点什么吧。"

然而，随着时间的推移，我发现，问题的症结在于——那些对扰乱自己心绪的人一筹莫展的人，他们之所以一筹莫展，主要是因为他们不知道该说些什么、做些什么！

在我所听到的许多讲述中，我同时也注意到了一种负面的沟通模式：当人们很难找到合适的方式开口跟干扰者商量某件事情的时候，他们就会干脆放弃交谈。而且，他们反倒会跟包括我在内的同情者倾诉和抱怨。

甚至，有些来参加研讨班的人只是为了找机会宣泄自己的情绪而已。

还有一些人，在面对烦心事的时候，会说一些未经考虑的话，出发点虽好，结果却让事情变得更加恶化。

例如，他们会这样对别人说：

"你这么说想不想挨揍？"

"你以为你是谁，你是名人吗？"

"哎，我很不愿意为这件事打搅你。"

……

这让我感到很难过，心想："这些事肯定有更好的处理办法！"

许多人常常坚信自己的所作所为都是对的，但对我来说，很明显,仅凭我听说的这些事情,我就知道他们跟当事人之间并没有妥善地把事情处理好。

在大部分情况下,事情反而会变得更糟!

在面对当事人时,他们缺乏积极面对的态度、正确沟通的技巧,最后,不管他们的初衷如何,情况却变得更加难堪,更加紧张。

我很快就意识到,人们在困难的处境下,尤其需要学会如何有效地表达自己——实际上,人们很需要这些技巧,以便正确地表达自己。

他们更需要学会如何正向地与人沟通,而不是一味抱怨,或是采取一些负面的、不理智的行动。

因此,我决定勇敢地迎接这个挑战。

于是,就有了这本书。

掌握"正向沟通"这一技巧,可以改善你的生活。

你的感觉会更加良好——你不会再表现得像一个胆小鬼,或一个其他人眼中的"凶神恶煞",那些在生活中无意习得的不良行为习惯也不会再左右你。

对于以往你认为不容易应付的那些人和事,你将能够直接而自信地处理。

你会不再说那些丧气话,比如,"我后悔没那么说……""要是那样就好了……""这没什么大不了的……"(在你明知并非如此时)。

最棒的是,正向沟通将会带来积极的效果——而不是更多冲突。

十几年前,本书的第一版上市了。

从那时起，我就一直向不同的人传授"正向沟通的技巧"，这些人中有美国西南地区的警官、中西部地区的校董事会成员、东北地区一个大型公用事业公司的资深管理人员，以及微软公司的一千多名员工……

这些经验帮助我细化了自己的想法，完善了正向迎击技巧的案例，我将这些都放入了新版之中。

如今，社交媒体的兴起，虽然使我们的沟通交流和信息分享变得更为方便，但同时也增加了误解和惹恼对方的可能性。比如，推特骂战、朋友之间相互取消关注，以及员工在YouTube视频网站上直播辞职视频，等等。

因此，在新版中，我将会专门辟出一章来讨论网络冲突。

不少读过本书第一版的读者，都曾通过电子邮件或者打电话的形式跟我分享他们运用正向沟通方法的经验。

其中，有一位培训总监将这本书称为"改变游戏规则的一本书"。他表示，真希望自己早几年就读到了这本书，因为那样他就可以避免许多不必要的人际冲突、对抗。

像他这样的评论我还听过不少。

其他的如：

我不再感到挫败。

过去，在对方没搞明白我的意思时，我只会怒气冲冲、牢骚满腹。但如今，我能够恰当地说出自己的想法。

现在，烦心事已不再那么烦心了——我知道，我可以恰当地表达自己了。

在我的研讨班、工作坊和训练营中，我已将这些技能教给了几千个学员，在他们身上这些方法都很有效。我相信，它们对你也同样会有帮助。

目　录

PART 1　正向沟通的力量

Chapter 01　冲突，无处不在的冲突　　　　　　　003

Chapter 02　告别曾经的自己　　　　　　　　　　019

Chapter 03　你到底是怎样的人　　　　　　　　　029

Chapter 04　不同的选择与不同的沟通者　　　　　053

Chapter 05　蠢人测试　　　　　　　　　　　　　065

PART 2　良好的正向沟通模式

Chapter 06	WAC沟通模型	079
Chapter 07	避开那些"有害的语言"	113
Chapter 08	不可忽视的身体语言	125
Chapter 09	直面那些困扰你的沟通问题	145
Chapter 10	正向沟通的11个关键	167
Chapter 11	书面沟通的技巧	183
Chapter 12	电话沟通的技巧	197
Chapter 13	如何处理网络冲突	203
Chapter 14	恰如其分地处理其他沟通问题	219
Chapter 15	当你成为冲突的一方时	241

PART 3　没有冲突的生活

Chapter 16	在生活中如何避免冲突	253

最后的寄语　　　　　　　　　　　　　　　　　　282

PART 1

正向沟通的力量

Chapter 01

冲突，无处不在的冲突

生活中，我们总是会遇到各种困境，常常不是"话不投机半句多"，就是剑拔弩张、互相争执不下。面对这样的困境和冲突，你该如何面对？当别人的行为干扰到了你——不论对方是你的亲戚，或是同事、邻居，你会对他说些什么？或许，你什么也没说。虽然嘴上没说，但你内心却受够了——你感到身心俱疲，对自己没能告诉对方说他们干扰到了你而感到厌烦。这种感觉并非你一人独有。

你是否在与朋友或邻居处理问题的时候，一开始心怀善意，最终却恶言相向？你有没有从闷声不响、心生敌意，继而大发脾气，或者干脆躲到一边听之任之？你有没有感到被人践踏、惹恼或利用，或者被另一个人的行为搞得心神不宁、大感挫败？

没错！这些情绪并非你一人独有。

如果你正在阅读本书，那么，你或许就像我过去二十年中曾经教过的来自各行各业的男男女女一样——他们受够了自己老是回避难堪的谈话，老是发火，老是容忍别人粗鲁的言行……

然而，没有人存心要成为一个讨人厌的家伙、一个暴脾气或一个胆小鬼。但不管怎样，总有人实施了这些不良行为，然后，他们又会为此而感到难受。

当然，有些人原本是不愿意跟他人发生冲突的，因为这样会让自己感觉不舒服。但最终，他们却还是身陷其中。

如果你就像我在过去二十年中遇到的大多数人一样，那么，从我对这些问题的回答中，你多半会获得一些有用的启示。

或许，你拿不准自己是否能掌握正确的沟通技巧，又或许，你只是对什么是正向沟通感到好奇。你或许在想："通过它，我可以获得什么样的神奇力量？它将如何提升我的生活品质？"

那些由人际冲突造成的困境，会让人不自觉地想退缩——在难得的工作机遇面前退缩，在跟朋友（或爱人）营造和谐关系面前退缩……

在这个生机勃勃的世界里，你本可以汲取充沛的力量，但是，你可能也退缩了。

不知你意识到没有，在面对那个让你退缩的矛盾冲突时，你一定有办法去处置（或不处置）它。

在本书中，你将学到如何运用正向沟通技巧改善人际关系，提升你的自尊和愉悦感，甚至改变你的职业生涯。

正向沟通的方法可以在人际交往方面为你提供助力，使你的人际关系焕然一新。如果你采用本书讲到的技巧，它们会让你在处理人际关系时如有神助。

虽然我无法在此承诺，或给你打包票，但有一点我可以告诉你：

我接收到的电子邮件，脸书（Facebook）上的回帖，博客上的评论，以及人们在研讨班结束后找我时跟我说的话——都说到了同一件事——他们告诉我说，我用来处理人际冲突的方法对他们非常有用。

这就是我确信它对你同样有效的原因。

大场景冲突和小场景冲突

那么，究竟什么是我这里所讲到的冲突？

让我们先来说说大场景冲突。虽然这世界并非一无是处，但每天电视上不停滚动的新闻、即时更新的推特信息,有时候会让我们感到焦虑不安。战争、紧张的种族关系、犯罪、恐怖活动、政治家之间的相互攻击……这些事情每天都在发生。

不难理解,有些时候,我们的确会感到束手无策,或者有种无力感。

甚至,在娱乐新闻里也充斥着谩骂与冲突。我们常常听说,某明星卷入了推特骂战,或某脱口秀主持人侮辱了某嘉宾……

而在真人秀电视节目中,制作方也常常依靠制造冲突来拉动收视率。当真人秀明星或游戏参与者出言不逊、相互攻击、在人群面前大打出手,或者只要使出坏招时,观众就会增加,收视率就会提高。

当然,本书跟全球性冲突和社会性冲突并没有太大关系。

我无法帮助政治领袖们正面处理冲突,无法让真人秀明星们彼此和谐相处,无法让脱口秀主持人对嘉宾以礼相待,更无法阻止那些网络骂战……

相信我,我希望自己可以做到所有这些事情,那样的话,这个世界就会太平许多,但我确实做不到。

这本书讲的是如何应对、处理小范围的冲突——你可能每天都会碰到的那些冲突。本书讲的是我们如何过日子以及如何跟人打交道——无论是面对面,还是在短信中或社交网站上。

那些让人恼火的沟通事例

从大的方面来讲,国家首脑在彼此交流、协商的过程中会遇到麻烦。而从小的方面来讲也一样,在跟邻居、室友、亲戚、Facebook好友或银行职员打交道时,也会遇到麻烦。

有时候,在日常生活中出现冲突时,我们将很难跟对方交谈,很难跟对方恰当地表达自己的所思所想。因为我们不知道如果告诉对方自己真正的感受,对方会如何反应。

艰难的对话和不恰当的冲突处理方式往往会令我们感觉很不舒服，而在一个令人很不舒服的情境下要想成功地与人沟通，尤其困难。关于这一点，我将会在本书第三章中更详细地谈到其中的缘由。而在这一章，我将重点放在了沟通能力的培养上。

日常所发生的种种不成功的沟通事例，对于人们的影响显而易见：越来越多的"路怒族"、大闹机场者，Facebook上拉黑对方，邻居之间剑拔弩张，对室友怒吼，在超市里跟人吵架……

身边这么多冲突和压力的存在，无疑会让你倍感无力；而一次看似不经意的挫败，也会在你内心生根发芽，让各种负面情绪不断滋长。

常见的十二种小冲突

在开办每场研讨班时，我都会让参与者在一张卡片上写下一件跟人相处时遇到的烦心事。在开办了几百场研讨班之后，我一次又一次地看到同样的冲突在重演。这些冲突虽不能概括全部，但却是最常见的，即：

1.空间侵占者。

他们播放着刺耳的音乐，甚至戴着耳机时也是如此。他们在你的工作场所晃荡，或留下一堆垃圾等别人来清除。或者，他们会在星巴克咖啡馆里占据三个桌子充当办公桌。

2.数码狂人。

他们在与你面对面交谈的时候还不时地收发短信。他们可能是你的同事，在开会时不停地玩智能手机或iPad；也可能是你的朋友，在忙于拍摄视频并将它们传到Facebook上，无法消停片刻。

3.无信用的人。

比如，他们借东西时总是信誓旦旦，而事后归还你的却是没油的车子、带着咖啡渍的图书，或者问也不问就拿走你的订书机。自然，这样的人一旦向你借钱，常常也是有借无还。

4. 喋喋不休的抱怨者。

每个人都碰到过这样的人。他们总有问题没解决，满腹牢骚。比如，你听厌了朋友的丈母娘那些不阴不阳的数落，还有你同事对新老板的怨言等。

5. 插话达人。

有些人就是无法让别人把话说完。比如，他们不会等你在鸡尾酒会上说完一句话，也容不得你在会议上分享自己的观点。

6. 冷面评论者。

他们可能是觉得你的房子需要粉刷的邻居，也可能是纠正你语法错误的朋友。还有些人，他们喜欢在网站上发那些有种族主义和性别歧视倾向的笑话。还有你的姐妹，兀自地跟你说她更喜欢你的长发。

7. 偷懒者。

无论是做每周需要做的杂事，还是做家庭教师或志愿者，有些人就是不愿做他（她）该做的那份工作。

8. 漠视请求者。

不论是对你十分需要的数据，还是请求回复的聚会邀请函，这些人对你的电子邮件一概置之不理。或者，你叫你的丈夫准时出席晚宴，而他又迟到了。还有这样的邻居，你明明写了告示牌禁止动物入内，但他（她）还是放任自己的宠物糟蹋你家的草坪。

9. 烦人的提要求者。

你感觉早就受够了！你不断地被朋友要求赞助他的慈善募捐；你被要求配合烘焙促销活动、招待你的亲戚（还有他们的小狗）；在你已经应接不暇的时候，这些人又给你派发额外的工作。

10. 社交媒体狂热分子。

这些家伙乐于分享别人走样的照片，把早餐吃什么都发到社交媒体上，经年累月地每天表达他们的愤慨……或者在 Facebook、Twitter（推特）和 Instagram（一款跨平台图片社交应用软件）上大肆夸耀他们的爱情生活、可爱的孩子、令人羡慕的成就，等等。

11. 假期搅扰者。

你永远也无法得到放松。你本想趁感恩节去看望母亲，却不得不跟着妻子去岳父家。或者，你想到树林里进行一场冒险之旅，而你的另一半却想要躺在赤道附近的小岛上晒太阳。你爱你的家人，但是，一旦要跟一大家子人在山间待一周，那就难以想象了。

12. 不修边幅者。

你可以闻到她身上浓重的香水味，而他在会议上剪指甲，在餐桌上用牙线剔牙，她穿的裙子太短，他在早上锻炼后没有洗澡……

这十二类例子，说明了我们日常生活和工作中的人际交往是如何变成一件烦心事的。

这些本该很容易解决的冲突，很多时候会变得出乎意料的麻烦、复杂，令人倍感受挫。

最后，你可能会被卷入一场变得具有挑衅性的冲突之中，或者，你根本没有冲突可言，因为问题被故意忽视了。

你的同事高声喧哗，有人占了你在街上的停车位，你的小姨子说了冒犯你的话，你的老板批评了你而没有批评你的团队伙伴……

这些可能都是司空见惯的沟通问题，但是，无论在哪里，它们都随处可见，一再出现。

而我们通常的做法是，忽视这些行为，对它们置之不理，或做出过度反应——我们为什么会如此？

原因很简单：我们不知道还能做些什么。

我们总是习惯性认为，没有冲突比有冲突要好办。错。

问题只在于：如果没有掌握良好的沟通、应对技巧，想要知道该说什么、如何说且说得有礼有节，是很不容易的。

我这里讲的，是每个人都会碰到的日常冲突。在工作时，在家里时，在银行排队时，在网络上，在跟邻居、妻子的亲友或孩子的老师沟通时都会遇到的冲突，等等。若是处理不当，复杂的人际关系会影响到你生活的各个方面。

我将会在全书引用实例，来说明这些无处不在的冲突。在我具体引用的实例中，虽然姓名和情景做了改变，细节也不同，但它们都是真实的。我从参加我的工作坊的学员那里了解到了很多实例，也有些例子直接取自于我本人的生活经历。这些实例一次又一次地证明了，人们是多么需要我在本书中所谈到的技能和方法。

不同的冲突，相同的沟通技巧

我听到的那些不愉快的情形可能各不相同，但是，背后所涉及的沟通问题却常常是相同的——我们彼此之间很难沟通。

而如果无法针对干扰我们的问题进行交谈，我们就无法进行正向沟通，也无法解决问题。

这一点同样适用于网络冲突。

要解决严重的网上冲突，最好的办法常常是进行现实对话。

就像我在第十三章里讲到的那样，你或许需要从虚拟网络中回到现实，跟对方面对面地交谈。

但我们中的许多人都觉得这很难做到，尤其是当我们不习惯跟人直接互动（面对面或电话交谈）的时候。

但是，在我们没有解决冲突的时候，我们对对方或自己都不会有很好的感觉——这一感受常常会累积。这种无力感或愤怒感，常会在不知不觉间发生在你的身上。

回避一次不愉快的交谈会导致更多的回避；一次最终以大叫收场的不愉快交谈，会导致另一次以大叫收场的交谈。你感觉自己被利用了、病了、疲惫了。或者，你感觉自己有点儿失控。常常感到无力或愤怒，并不是开心、健康的生活方式。

我们碰到的许多日常冲突，实质上都是相似的，解决方式也大同小异——你能在本书中学到并掌握这些方法。

如果你总是犹豫不决，有话说不出口，或者你说话太尖刻、太匆忙，或太咄咄逼人，这些技能和方法正好可以帮助你。

如果你有时候由于愤愤不平而写了一封愤怒的电子邮件，或在社交媒体上对别人反唇相讥，你也可以运用正确的方法妥善地加以解决。

在本书的第二部分和第三部分，我将解决方式分解成了一系列的沟通技能，让你可以很方便地学习和借鉴。

接下来，就要看你的了，看你如何运用这些技能、方法在自己的生活中积极地化解冲突。

我希望它们能为你提供有益的帮助。

当然，在本书中，我不打算教你如何处理极端的（或有攻击性的）情况。

在一场研讨班结束后，有位女士过来找我，问我如何应对丈夫对她施加的家庭暴力。

我虽然很同情她，但还是告诉她，正向沟通的方法并不能解决她目前的处境。我敦促她去寻求专业性或者法律方面的帮助。

我也不知道，当你在漆黑的街头遇到一个形迹可疑的人时，你该说些什么。很可能，你应该避免交谈，并尽快跑到一个安全的地方。

虽然我确实会讲到如何应对陌生人，但我讲的大部分都是些日常冲突——

它们总是时不时地冒出来，让你忍无可忍，并且似乎永远也不会改善——但这些并不会将你置于十分危险的处境。

就像你读完本书后所领会的那样——应对粗鲁的陌生人，或许不需要大动干戈，有时候置之不理反而更好——或许这跟你刚开始读本书时的想法有所不同。

我能帮你什么

我刚才讲了我不能做什么，现在，再说说我能做什么：

·假如你碰到有人干扰你，而你又很难开口跟对方开诚布公地聊一聊，这种情况下，我能帮上忙。

·我会向你展示如何有礼有节地处理冲突；你会了解到什么样的言行叫有礼、有力、不卑不亢。

·以一种一开始不起眼的方式改善你的生活。等这种改善日渐成熟，它就会蔓延开来，全面地触及、影响你生活的方方面面。

或者，可以这样说，我不会问你是谁——你是个有钱人还是收入平平——都与我无关。我也不在意你的性别、种族、宗教以及你的爱好是什么。但毫无疑问的是，每一个人都会在生活中碰到冲突。或迟或早，你会在某些场合下发现——自己卷入了一场无谓的冲突中。问题是，你该如何处理？许多人相信，甚至认定，他们能以正确的方式应对冲突。你或许也认为自己是一个果断的人，但很可能你错了。

如果说我在过去二十年里学到了什么的话，那就是在困难的处境和冲突下，人们实际上并不清楚自己是如何表现的——他们不了解自己在别人面前是怎样的，以及他们的表现对别人有什么样的影响。这就是为什么即便你认为自己能够妥善地处理冲突，我还是要建议你读一读这本书。并且，在读完后，请告诉我，你之前有没有以最佳的方式应对此类事情？

当然，并不是每个人都那么容易被说服，并相信正向沟通的影响会如此深远。

一名男子（他是由一个职业协会赞助而参加我的研讨会的）就曾带着讥讽的口吻说："好吧，这又不是大脑手术，有那么神奇吗？"

"当然不是，"我回答说，"但那并不意味着它不能正面而持续地改变你的生活。"我的话音未落，一件令人惊讶的事情发生了。

听众中的一位女士站起来说道：

"我碰巧是一位脑科医生，但在这之前，我就完全不知道什么是正向沟通。我的上司老是叫我在周末加班，却从来不叫别人。我一直对自己说：'我必须得说点什么。'但我不知道该说什么、怎样说。这就是我到这里的原因。"

是的，正向沟通的技巧和方法对每个人都有益。

若说脑科医生会在处理工作和家庭冲突时遇到麻烦，那么，销售员、IT经理、行政助理、家庭教师协会主席、童子军领导，以及跟我们息息相关的任何人，也都会碰到这样的麻烦。

这些沟通技巧能够运用到你生活的方方面面。所以，可以这样说，任何难以对同事、朋友、家人，或任何和自己休戚相关的人开口说出自己关切之事（有礼、有力地说出来）的人，都会从中受益。这对任何一位在离开一家饭店、电影院或杂货店时，心想"刚才那个在我前面插队的蠢货，我应该对他说'嗨，蠢货！你明白你在干什么吗'"的人也同样有益。还有，那些认为"要伸张权利就必须打击对方"的人，也可以读读本书。就像你很快就会发现的那样，我们认为天经地义的事情，实际上可能是粗鲁的、无法令其他人接受的。

究竟什么行为才算有礼有节

所谓有礼有节的言行,并非粗鲁的言行。它是能令你从容表达自己的一种方式。

不仅仅是礼貌

商务和社交礼仪,不仅仅是教你身处一些较大场合时该守什么规矩,诸如在一个商务会议或婚宴上,到底该如何行事等。事实上,这只是礼仪培训中极小的一部分。礼仪中另一个关键但不太为人所知的方面是——公众场合和私人场合,到底该如何与人相处。

礼仪培训教你的是如何给人留下最佳印象,这些人包括你的老板、顾客、亲戚或是邻居、陌生人等。相信我,很多人——不管他有多聪明,也不管他的业务技巧有多娴熟,就是因为缺乏礼仪技巧而没有得到升职。礼仪技巧差劲的人不会被市民们推选为市民联合会的主席,也不会被委以重任,领导重要的部门或参与重要的项目,对此,他们常常有颇多怨言。

"礼仪"的核心就在于以恰当的方式对待他人。所谓"恰当",就是在言行方面表现得机智、周到。它不仅关乎你说什么以及如何说,还关乎你是否以善意对待他人——这就是正向沟通技巧中最核心的部分。

有礼无节还不够

在我的研讨班上,我让学员们知道,他们有权发出自己的声音——但必须是以正确的形式发出自己的声音——也就是说要有礼、有力!

要处理困难的情况,光有礼貌或许还不够。若出于保持礼貌的考虑只是一味退避,或许让人感觉你是一个胆小鬼。反之,过于咄咄逼人也会让事情变得更复杂——看起来很有气势的应对常常会变成人身攻击。

就我所知，许多人的所作所为简直叫人不可思议！我可以告诉你一些令你大吃一惊的事情——那些你认为没人会做的事情——事实是每天都有人在做。

我认识一个高层的主管，他就因为在重要的商务午餐中习惯性地舔了餐刀，而丢掉了几百万美元的生意。还有一位女士在新奥尔良参加一个会议时，她竟在社交网站上发了一个帖子说："又一个愚蠢的会议，还不如待在波庞大街上舒服。"

你或许不会做如此出格的事情，但毫无疑问，我们每个人或多或少都有一些坏习惯。

当我的一个顾客抱怨他的老板对他不公平时，我建议他在做演示的时候给自己录像。他很惊讶地发现，自己每说完一句话就会说一声"ok"——这几乎成了他的口头禅。他这才知道自己的演示有多糟糕。难怪没人请他做部门的重要演示。

在观看录像之前，他总觉得老板是在故意为难他，所以不把重要的任务交给他。而在看了录像之后，他明白了，老板只不过是不敢把任务交给他。

就像这位男士一样，你将学会如何发现和改变坏习惯——它们妨碍你在工作中取得成功，还妨碍你建立和谐的人际关系。

正向沟通的好处

说到正向沟通带给人的好处，那可真有不少，但要讲清楚却有点儿难度——你知道它对你有益，却不知道到底该如何去实施。

有礼、有力的行为，能够正面而持续地改变你的生活，我不仅这样说，还会证明给你看。我会通过自己应对困难的例子来证明这一点。此外，在我的文件柜和电子邮箱里，也充满了参加我的研讨会的受益者的赞美之词。

许多人跟我讲述了他们应用正向沟通技巧后，与人相处时的那种放松、愉悦的心情。还有些人讲到，他们在工作中不再被人占便宜，并能够很快地解决跟朋友之间的误会。他们的生活和工作也随之变得更加美好。

很多时候，你感受到的好处并不那么大。但积小成大，你会发现，你的压力减少了，与人交往的主动性也增强了。比如，跟你的亲友或同事的关系得到了改善，又或者，工作上没有那么多的压力感了。

正向沟通的技巧、方法可以改变你的生活。

学会运用有礼、有力的言行，虽然并不能解决你所有的问题，但是，如果你无法同对方说他们的行为影响到了你，或者你说了但还是没解决问题，那么，这本书足可以帮到你。

还有一点，请相信——不再懦弱总比维持懦弱要好多了。

当你将有礼、有力的言行投入实践时，你会感受到一股正面的能量，进而成为一个实质上的强者，而不是一个胆小怕事的人——你会在大脑中找到以前从未意识到的"创造性能量"。

你不知道，是因为在以前，你的创造性能量都被满腹的牢骚或消极言行消耗掉了。但在面对冲突时，若做不到有礼、有力地面对，那种挫败感就会在精神上伤害你，或是在身体上折磨你。

更良好的心态、更健康的身体，这两个理由足以说服你在人际沟通方面做一些新的尝试。

在对正向沟通技巧做了一番介绍之后，我们将一起探索你的内心深处，看看你是怎样的一个人，以及你是如何成为今天这个样子的。一步一步地，一点一滴地，我将帮助你掌握你所需要的沟通技能，让你成为一个有礼、有节、有力的人！

WAC模型

我一再地看到我所教授的这些技能、方法被学员们亲身验证。通过练习，你将会很容易掌握并运用这种技能，从而将正向迎击的种种技巧融入自己的日常言行中去。

我创造了一个叫作WAC的简单模型，下面，你就会了解许多有关它的内容。

WAC可以帮你克服交流中的最大障碍——搞清楚究竟是什么在干扰你，以及你想对那个令你无所适从的人说些（或请求些）什么，从而让你按照更加积极的方式来沟通、行事。

这听上去似乎过于轻松，实际上，一开始你会觉得有点棘手，很快，你就会发现，它很容易就能做到。当然，要搞清楚是什么在干扰你以及你想要达到什么目的，可以说是颇费周折的，所以，从一开始你就要付出不懈的努力。

WAC将一步一步地帮你做好准备，克服沟通中的种种冲突，打破阻碍交流的坚冰。在这个过程中，我会鼓励你做四件事情：

1. 思考自己此前是如何与人交流的，包括你的为人处世风格。
2. 不对其他人的行为预先做假设。
3. 必要的时候，选择有礼有节地正面解决冲突。
4. 学会如何减少你生活中的冲突。

你是不是对上面的第4条很吃惊？这本书不是关于正向沟通的吗？是的。但要知道，有礼、有节、有力的人知道如何恰当地表达自己，但同时，他（她）也知道，有时候，学会"放下"要比卷入冲突更好。

练习，练习，练习

学会新技能必须花点时间，你得多练习。

我不是叫你现在就放下书，跑去跟老板说你觉得他不公平，或跑到朋友那里说他太专横。慢慢来，你需要先树立自己的信心。

随着时间的推移，你会找到一种全新的方式，以一种更有效、更积极的方式与人相处。渐渐地，你会对自己有更加良好的感觉，你还会在跟人相处时有更好的感觉。你或许并不总是能从别人那里获得你想要的东西，但如果你不断实践正向沟通的技巧，我向你保证，在跟别人相处时，你会清晰地了解到自己所处的位置，也更明白应当采取怎样的沟通心态。

现在，让我们一起轻松上路吧！

Chapter 02

告别曾经的自己

就像在第一章中我说过的那样，在很多场所，我曾经遇到过许多的人，他们都不会积极、有效地处理日常人际冲突。而我本人掌握的关于沟通问题的知识也来源于我的第一手经验——曾经，在我人生的某个阶段，世界上没有人比我更需要这本书了。

说到这里，我得承认，我曾经是一个很懦弱的人——我没有开玩笑——曾经的我确实很懦弱，而且非常自卑。这让来参加我的课程的学员们大为吃惊。

想想看，世界上有谁比我更渴望了解应对人际问题的方法吗？

说到这一点，许多学员都看着我说："你！不可能，你看上去根本不像是一个懦弱的人。"没错，我的确不像。看上去，我的仪表得体大方，身材修长而挺拔；我对着一大群学员讲课，看上去从容自如；我的言辞和举止自然——我可以自信满满地穿过整个舞台，而不会害怕自己可能摔倒或昏倒。

经过几百场研讨会教学，我可以肯定，我的嗓音可以轻松地传到任何教室的最后一排座位。是的，我就在这里——一个曾经羞怯无比的女子。

曾经的我

小时候，我特别害羞。那时，我不想长得太高，如今，我喜欢自己的高个儿。那时，我站在那里，瘦得就像一根竹竿——真的是骨瘦如柴。那个年代，大人鼓励我们要像淑女一样优雅地玩耍,而现在,我们还是会经常告诉小女孩要"像个优雅的公主"——社会性别规范的改变实际上是很慢的。

一位女士曾告诉我说,她女儿所在篮球队的教练叫队员们在比赛中要敢于出头,并且要"打得像个淑女"——她女儿实在搞不懂,到底要怎样投篮才算是淑女?而对于小男孩,在面对冲突时,人们则鼓励他们要强硬——"不要软弱,要冷静。"

当然,在我小时候,哭泣对大部分男孩来说都是会被耻笑的。就算在现在,在男孩们进入中学后,哭泣仍然是很丢脸的——眼泪意味着"他是一个懦夫"——童年的信息甚至会一路跟随你到成年。

父母总是会告诉孩子们一些处理冲突和对待他人的方法。而在学校、教堂等场所,人们也会用类似的言词教育你。这些观点中有许多其实是很好的,但因为我们缺少具体处理冲突的实际经验,很多的教育观点可能就不那么实用。比如:

不开心的时候可以大声喊叫。
别去理睬别人的恶劣行为。
如果有人让你感到不安,不说出来也行。
……

这些信息有的对我们来说很好,可有的就会起到一些至今还在影响我们的负面作用。而且,它们还会一直在你心里留存。随着时间的推移,你的自信会被蚕食或者在沟通中碰到麻烦,又或者,你容易交到新朋友,但却不善于留住老朋友。

对我来说,这就是典型的"懦弱综合征":我很想大声地说出自己的想法和意见,但就是做不到。

很自然地，我在青少年时期，甚至到了成年后，就一直是一个懦弱的人。没有什么比职业生涯更能测试出一个人懦弱的"深度"和"广度"了。

许多年前，在我刚开始为各类公司工作时，一家以男性为主的大型航空公司是我的服务对象。我可以告诉你，我是如何被怠慢以及被粗暴对待的。

当时，从大老板到在停车场碰到的女雇员，几乎每个人都对我大声叫嚷。后者是因为她认为我占用了她的停车位。但我不想把所有这些都告诉你，我只说一件事，一件让我发生了巨大改变的事：

有一次，在一个会议上，这家公司的一名主任对我说："你为什么不像个好姑娘那样，安安分分地待在家里生养孩子呢？"

好吧！

幸运的是，我当时是在为一位叫安的主管工作——她是整个公司两名女性高管之一。她自信而镇静——那是我所没有的两个品质——她成了我的导师。

所以，在那个主任说了这些难听的话之后，我就含泪奔到了安的办公室。

安问我："你为什么不告诉他说，他的话冒犯了你？"

我问道："您的意思是，我可以这样对他说吗？"

现在，当我回顾往昔的时候，总是会想："你那时多笨哪，芭芭拉！"可那时，如果安没有那样告诉我的话，我真不知道我有权利那样做。我将不会去跟那个主任沟通，相反，我会开始抱怨，并且是逢人就说，抱怨个不休！我会跟安抱怨，跟我的姐妹们和邻居抱怨……那就是我那时标准的应对模式。

如果有人对我不公平，态度恶劣，我就会跟我的女友们抱怨，说这个人的举止粗鲁。我也曾经跟我的美发师抱怨，坐飞机时跟邻座的陌生人抱怨……

其实，我并不苛刻，而只是需要有人听我讲。我可以为一件事一连抱怨上几个小时，我会在别人听得不胜其烦之后自顾自地说个没完……

但我从来没有跟那个冒犯我的人抱怨过——一个字都没有说。并且，因为不敢去面对那些让人糟心的人和事，我对自己的感觉也很糟糕。

所谓的自尊

现在，让我们来谈谈自尊——在面对他人时必然会涉及的话题。

我所了解的自尊是这样的：时不时地，我们都会因为让人不舒服的自尊而痛苦，并且，有些人要比别人更容易陷入其中。

是的，这感觉很糟糕。是的，它会让我们无比焦躁，却只能闷在心里。我很清楚，这就是许多人不能积极面对问题的原因——但这不是唯一的原因。

一味归因于低自尊，对我们的讨论作用不大。

在我试图消除自己的消极心态时，我读了一些书。有些书的内容有一点用，但许多书的内容却相当令人泄气——因为大部分的书只讲到——一个人之所以懦弱，是因为缺乏自尊。

我知道，我缺乏自尊，但我并不是彻头彻尾的懦弱，也不是事事都会茫然无头绪。但不论怎样，没错，我需要提高自尊。不，我一开始为什么会想到要去读这些书呢？是啊，我从未想找一个人给我做精神分析——我要找的是如何果断行事的具体指导。

然而，当时没有这样的指导。

但慢慢地，伴随着耐心和实践，我确实学会了以一种积极的方式面对他人，我的自尊也意外地获得了很大的提升。而我一直以来所仰仗的精神导师安女士，她也会不断给我建议。有时候，甚至只是在一旁观察她的一言一行，就能给我以启发和灵感。

我看到，不管别人说了什么或做了什么，她都始终保持着冷静的头脑。在紧张的情况下，她的肢体语言很鲜明，却不会太强势。而且，她的遣词用句似乎总是那么不卑不亢，有礼、有力！

我意识到，为了达成我的职业目标，我也必须成为一个有礼、有力的人。我明白，做不到这一点，我将会付出什么样的代价。

在我还是一个摄影记者的时候，有一次，我去应聘一个编辑的职位。我被告知，他们会跟我联系进行面试。但后来，他们忘了通知我。

那时候，我默默接受了。

是的，正是我自己允许（或纵容）了他们忘记通知我这件事！这件事给我的印象是如此深刻！

给自己一个新的起点

我知道，如果我始终这样一味隐忍，未来我将一事无成！我必须克服站出来为自己发声的恐惧。而且，我还必须要在不冒犯他人的前提下做到这一点。

不管你的性别是什么，你出生在哪个年代，或者你有什么样的特殊才能（或技能），你都不可能只按照自己的意志行事，还妄想能赢得别人的尊重。你必须用尊重人的行为来处理跟别人的关系——即便对方让你终日不得清净。

我们如今生活在这样的一个世界：在社交媒体或博客上发错某个言论，你就可能被解雇。或许，你无意冒犯他人，也无意做出格的事儿，但如果你想要在职业生涯中一路升迁，或者自己创业，或者经营好你的邻里关系，你就必须学会好好地与他人相处。

想必你知道，有些人事业很成功却不被人喜欢。他可能是你公司的那个脾气火爆的首席执行官，只要他在，人们就担惊受怕，生怕他来找自己的茬儿。

在我看来，这只是有力，而不是有礼——甚至，他还有点盛气凌人。不管他在事业上是多么成功，对我来说，通过威吓而赢得员工的尊敬，意味着在人际关系中，甚至在整体上来说，他都不是一个真正意义上的"成功者"。

我相信，你完全能够表现得既有礼又有力，还能赢得他人的喜爱和尊重。

我相信，跟别人和睦相处是一种更为积极的生活方式。否则，那样的成功不要也罢。

我绝不想成为那种一进入办公室就让他人担惊受怕的人——尊重可以有，但害怕就不必了。

或许，很多人的目标是想成为一个世界500强公司的首席执行官，但我有自己的目标，它对我很重要。

我需要学习很多东西，我也确实学到了很多东西。

在安女士的帮助下，我直截了当地对那个带着偏见的主管说——我不喜欢他说到女人的职责时，动不动就谈起"女孩就得待在家里生养照顾孩子"的言论。而且，我决定，如果下一次再应聘编辑的工作，我一定要争取得到面试的机会。

有一次，我跟一个经理提到，他老是在会议上打断我的发言。他向我道了歉，后来，他开始认真地听取我的提议，最终认可了我的想法，并且，还提升了我的职位。

接下来，我的状态变得越来越好——因为我喜欢我对待自己的那种方式。同时，我意识到，在复杂的人际关系中，我必须更好地对待自己——这对我来说是一个重要的改变。

彼时，我是个单身母亲，要抚育一个幼小的儿子。关于在崎岖的人生道路上如何对待自己，我想要给他树立一个榜样——孩子对大人言行不一致是很敏感的，所以，我必须言行一致才行。对于自己新开始的情感关系，我不想最终落得像我的第一次婚姻那样——那之前，我根本不懂怎样去表达自己真实的感受。我也不想再对别人对我的怠慢、轻忽默不作声。

就像有一次，我表妹在周末过来看我，她一进屋就说道："妈呀！你又养了一条狗，它看上去真是又大又难看！"

我是爱狗人士，我养的狗则是备受宠爱的家庭一员。她这样说让我很不高兴，我就想对她说几句，但不知为何我顿住了。我相信，你了解这种感受——你心生愤慨，这时舌头却又打结了，竟然不知道该如何回应——这真的很令人沮丧。

起初，我没说什么——我需要理一理思路。

但后来，我意识到，我不能也不想放任她那样说而不加干预，这样反而会妨碍我跟她的相处。所以，最终，我鼓足勇气，对她说出了自己的想法。她听后赶忙道歉，我们之间的小小芥蒂瞬间便消失了。那天，我们在一起过得很愉快。

以前，我都把怨言闷在肚子里，于是，那些不断积累在内心的怨气、不满就会不断滋长。

若是在以前，等她离开后，我就会冲到电话机旁边来回踱步，把怒气都撒在无辜的地毯上。甚至，在她的车子还没离开我家所在的社区时，我就会打电话跟姐妹和朋友们抱怨一番——她表现得有多离谱！

但因为我将心里的话说了出来，我就没必要这样做了。哇，这感觉真好！

先是在小的方面，接着在大的方面，我的生活变得更舒畅了。我的压力指数在下降，信心指数却在上涨。

所以，当我告诉你说，在本书学到的技能可以帮助你解决冲突和改善对话的时候，我是有亲身体会的，我自己知道有礼有力的言行带给你的感觉是多么良好。

这是一种崭新的自由。我希望你也能获得这样的自由。

如果我在几年前就知道如何与人正向沟通，那么，在我的第一次婚姻中，它就会发挥作用——帮助我更快地结束婚姻，因为结束是我的最佳选择。我肯定，它还会在我后续的离婚程序中发挥作用（想想那些艰难的谈话）。它还会帮我应付杂货店碰到的无礼之人，以及那个让我的日子不大好过的大学教授。

"有礼、有节、有力"的沟通之道，为你生活中的各个领域都提供了应对之策。它不仅可以帮你减少很多生活压力，还会让你学到如何看待自己的行为，以便了解你是不是也成了别人倍感纠结的缘由。

还记得有人教训我，要我做一个"好姑娘"的事情吗？你也一定遇到过此类问题，花几分钟想想，那都是些什么样的信息。

思考一下，这些信息是如何持续地影响你与他人的相处的，尤其是在那些困难的情况下。可能，你会想把它们写下来，以便看清它们是如何影响你的言行的。

在下一章，我将帮助你看清自己是如何处理冲突的——那往往是你在不知情的情况下形成的。如果你想面对很多生活上的问题，诸如"我不想再对别人大叫大嚷""我不想再对问题视而不见了""我想要更好地对待自己"……那么，了解你自己的现状，就是第一步。

无须让那些旧信息继续影响你，你可以挣脱它们——你早就应该这样做了！

Chapter 03

你到底是怎样的人

你已经知道，我曾经十分懦弱、胆小。现在，你也可以问问自己："我是一个怎样的人？"在处理和同事、家人、朋友之间关系的时候，你是怎样的一个人？

你不能说你不知道，或者，你认为自己谈不上是哪种类型。作为一个群体的一分子，你势必属于某种人。

我知道这很难。因为没人愿意承认说"我在面对冲突时习惯于厉声尖叫"，或者"我躲避难堪的谈话就像躲避瘟疫一样"。承认这些，就等于向别人承认自己的所作所为很糟糕。是的，老实说，在内心深处，我也不想把自己看作一个懦弱无能者。

但假如你在困难的人际沟通中回避他人，对他们大声叫嚷，或者采取其他破坏性的行动，那么，这就意味着你已经陷入到了一种负面的冲突应对模式中了。就在此刻，在世界上每个地方，在办公室里，在家里，在推特网上，在脸书上，数不胜数的人都正处在这样的负面冲突中。

没人愿意成为恶人或者懦夫，但许多人却深陷其中。

不断做我们习惯做的事情，这是人类的本性。我们不希望成为别人眼中"难以沟通的人"，但很多时候我们根本停不下来。即便我们意识到自己的行为是不好的、负面的，或者是让周围人抓狂的，我们还是会那样做——继续对自己和他人造成负面影响——除非我们有一个更好的办法来取代它。

面对冲突，你知道自己是怎么样的一个人吗

在面对冲突时，大部分的我们都不知道自己是怎样的一个人。

在这之前，很可能你从未认真地考虑过这个问题。那么，不妨现在开始想一想。

试着回忆一下，你跟同事或朋友之间最近一次的冲突场景。

冲突（或争吵）是怎样展开的？

你有没有提高嗓门？

你有没有让他（她）吃闭门羹？

你有没有满腹怨言却没有当面直说？

你有没有哭或者用手使劲砸墙？

你有没有将你的想法传达给对方？

你是不是能诚实地说出你真正的感受？

你有没有给他（她）机会，让他（她）坦诚地说出自己的心声？

你有没有指责他（她），但没有诚实地告诉他（她）到底是为什么？

在对立和冲突中要保持诚实尤其困难。

我们为什么会忍住不告诉对方我们真正的感受？这里有很多原因：

我们担心自己会伤害对方。

我们担心他或她会因此不再喜欢我们。

……

我们在冲突中忍住不说或没忍住火气还有一些其他原因，很快，我们就会在随后做更详细的探讨。

但在你阅读本章时，我希望你记住，不管在冲突中采取了什么样的行动，如果你知道其中的技巧、方法的话，你都可以在保持诚实的同时谨慎地选择用词，能够以尊重的态度来对待对方，能够调动自己的肢体语言让自己显得更有力度。

但假如你不知道这些沟通的技能、方法呢？这不是不可能，那么，处置起来就会有点困难。

通常，很多人都不能恰如其分地表达自己，这就是你不想去跟烦扰你的人谈话，反而保持沉默，或者说了、做了令你后悔的话和事的原因。

上一次你想开口解释却没说出实情，当时，你是不是这样想的——"这没什么大不了的""下次再说"，或者"他只是一个怪人而已"。或许，这真的没什么大不了的。或许，确实有下一次。或许，那家伙确实是个怪人。

但正面沟通方法的一个好处是，它能让你在说"这没什么大不了的"的同时，也真的这么认为。

通过实践和耐心，你一定能做到这一点——因为如果那个曾经如此优柔、胆怯的我能做到，那么，你也能。

但此时，你应该将注意力集中在诚实地了解自己的冲突处理风格上。

如果你无视一个朋友或熟人的干扰行为，并对自己说："这没什么大不了的。"而此时在你内心深处，你知道它对你很要紧，那么，你就会遇上问题。

如果你在会议上大声嚷嚷，并对自己说："我真希望自己没有重蹈覆辙又做出这种事。"那么，你也会遇上问题。

当你遭遇别人的烦扰，发现自己瞠目结舌地说不出话时，你有没有懊悔莫及？有没有对自己说："下次我一定会说点什么。"

真有下一次吗？很可能，没有。

或者，你跟人动怒了，然后你有没有这样想："下次我会更好地控制住自己。"下次你更好地控制住自己了吗？很可能没有。

通常，下次你还是故伎重演，还是不能保持镇静——除非你改变自己一直在重复的行为。

如果你觉得做出改变很困难，那就对了，很多人都有同感。许多人发誓说，自己下次遇到这种情况时会如何做……但你是否已然厌倦了老是发誓而做不到？

你信心满满，跃跃欲试，然后，遇见老问题时依然是张口结舌，一句话也说不出来，或者说出来的话全然不对。

好吧，欢迎你来到交际无力者的世界。

你的行为模式决定你的交流方式

跟别人坦诚相待并不总是那么容易，而跟自己敞开心扉也同样并不总是那么容易。是的，这常常并不轻松。尤其在一开始，当你看到自己在与人交际时的磕磕绊绊，你会很难受。

是的，有很多人选择无视自己的那些小毛病——你会忍不住对自己说："我为人左右逢源，人们都喜欢我。你看，我做得很不错！"

是的，我相信人们喜欢你，你有朋友，你生活的大部分都还不错。在其他方面，很可能你确实是一个很诚实的人，但这并不意味着你应对冲突的方式也是积极而诚实的。

找出你是怎样处理冲突的——这一点是极为重要的。你需要更多地注意到自己具有什么样的行为模式。你需要观察自己对别人的态度到底如何，是坦诚相待还是敷衍随意？只有那时，你才能修正、改进自己的行为，并（如果必要的话）开始一种崭新的冲突处理方式。

这个自我发现的过程值得一试，因为你的生活和人际关系都会因此变得比以前更好。正面沟通的技巧、方法，将在许多方面改善你的生活。

自我评估小测试

　　过去，在做完自我评估测试之后，我常常会感觉有点不舒服，因为突然要关注在自己身上发现的一个新问题。不过，我知道，改变必须从自我了解开始。
　　所以，尽管你可能很想跳过这个部分，但请别这么做。做一下这个小测试。它对你了解自己真的很重要。

当我和别人打交道时

	正确	错误	不确定
我通常会对别人的行为保持缄默，即便它打扰了我。			
我跟另一个人抱怨某人的行为，以及它对我造成的影响，而没有直接跟那个人讲。			
我经常为那些我没错的事情说对不起。			
如果我跟一个朋友之间发生了矛盾，我会不再给他打电话或发短消息，直到他感觉到我有点不高兴。			
我相信，通常别人才是问题的根源。			
我无法忍受任何事情，心里不舒服时我就会大声嚷嚷。			

（续表）

	正确	错误	不确定
我曾经这样对自己说："她应该知道，总是对我那样说或那样做是不行的。"			
我总想胜过别人，或者按照自己的方式做事，这对我很重要。			
我不开心的时候会摔门、砸墙或扔东西。			
我担心，如果我告诉别人是什么让我不舒服，他们就会受伤，或者不再喜欢我了。			
我认为这世上有很多粗鲁、不敏感和自私的人。			
如果我跟别人之间发生冲突的话，我会让它看起来好像是我的错，以便不伤害对方。			

现在，估计你已经明白了，即便只是对几个问题的回答为"正确"，你的交流模式也还是属于负面冲突模式。而如果你回答"不确定"，那么，你有很大可能也属于负面冲突模式。

如果你无法明确地回答这些问题，那么平时，你需要更多地留意自己的行为。

花几天时间，仔细留意下自己是怎样与他人相处的——你是如何在工作中、排队时、看电影时（或在你的Facebook主页上）处理冲突的。

你有没有指出别人的不礼貌行为？如果指出了，你说了些什么话？如果你忽视了别人的侵扰行为，你知道那是为什么吗？

注意一下这些看似琐碎的事情，它会帮助你对自己的冲突处理模式有更多的了解。

是什么让你在面对冲突时退缩

在你对自己的冲突处理风格有所领悟时，同时，也留意一下人们之所以会选择临阵退缩的最为普遍的原因。下面的五个因素会一再出现，请逐一对照，看看你能否在其中找到自己的影子。

1.你认为"那个人肯定知道他的行为不当或打扰到了别人"。

我碰到太多的人说到这个原因："他不应该早就知道他的所作所为让我很不舒服吗？"或者："我怎么告诉她呢？她应该知道这很粗鲁。"好吧，事实如何呢——事实证明，你若是不讲清楚的话，人们并不都清楚自己的缺点。

而下面的这个故事对你来说或许难以置信，尤其对于女性读者。

一年前，我的班上有位男士惊奇地发现——那些跟他共事的女士是多么讨厌被他称为"小甜心"。事实上，他的父亲和祖父总是对他那样说，所以，这也成了他的习惯——而他之前还一直以为自己待人很友好呢。

对于别人的动机，人们会不假思索就做出推断，而它们通常都是负面的——而人们却没有意识到，自己这一刻的判断往往是太快、太负面了。

你认为不合适的，对其他人来说可能就没问题。而对一个人来说可以接受的或常识性的知识，对另一个人来说可能却是另一回事。

就像凯特的老板。他总是批评她，而不会称赞她。她问我："为什么我必须跟他说明白不可？为什么我非要一再追问他才能得到好评？他应该知道要怎么鼓励我。"

我说："或许他并不知道。或许他认为，只有在出现问题时跟你谈话才是合适的。"

这种事在反方向上也成立。

有个管理人员表示，他总是难以开口指出下属所犯的错误。他认为："他们应该知道我对他们有点不快。"

我该怎么说呢？要知道，别人是没法看到你头脑里的想法的。

我遇到过的一位女士，她有两个妹妹。有一次，她们的父母因为在一次意外事故中受了伤，所以需要长期被人照顾，而她就担负起了照顾父母所有的事情的责任。可是，她的心里却有点愤愤不平。在心里嘀咕了几个星期之后，她终于直截了当地对两个妹妹说道："你们俩为什么不帮我？把照料父母的事儿全都扔给了我，这真是太过分了！"两个妹妹吃了一惊，赶忙说："我们以为你想要独自负责这件事呢。过去你总是这样的，因为你是大姐。"其实，对于能够帮上姐姐，妹妹们再高兴不过了。

还有一个故事。

一家公司里，有两个大学实习生总是花很长时间去吃午餐，对此，有两个职员感到很不高兴。因为在他们两人中，有一个必须压缩自己的午餐时间，以便在办公室接电话——而他们知道这两个实习生不会在该上班的时间回到办公室。

在参加了我的研讨班之后，他们决定直接与这两个实习生面对面地沟通。之前他们还在一起商量该怎样对实习生说，等他们终于说出口后却发现——两个实习生根本不知道午餐时间的规定，因为没人告诉过他们。

2.我不想伤害别人的感情。

这个原因跟我们的熟人、伙伴，甚至那些我们不了解的人都有关。我们有时会一直把意见埋藏在心里，而不愿去直面它们。

你应该很难相信，竟然有这么多人告诉我说，他们无法挂掉推销员的电话——不是因为他们想要这个商品，而是因为他们难以开口说"不"。而跟熟人之间，我们则想要不惜一切代价保住这份情谊，我们担心说了某些话可能会伤害到这种关系。

"如果没什么好话要说，就别开口。"几乎每个人从小就能听到这样的忠告，然而，这并不是一个好建议。不要误解我，我教的就是商务礼仪，我绝不会教你粗鲁的言行，但你是不是打算永远都对别人说好话呢？当然不！对此，我认为："说话要心口合一，但不要出言不逊。"

对于很多从小就习惯了要顾虑他人感受的女性来说，卷入矛盾和对抗，似乎是有违女性这一角色定位的。因此，许多女性成了和平与安宁的维护者。

如果你曾经对你朋友说过这样的话："你恨不恨我？"或："不要恨我。"那么，你很可能也是一位这样的女性。

这对男人来说，也是一个问题。

圣地亚哥是一个律师，他对自己的秘书颇为认可，但就是不喜欢她老是在文件上出错。他向我承认，他害怕直接跟她指出这个问题——他怕伤害到她，怕她会伤心、哭泣。因为如果他说点什么，她可能会觉得不好受。但他沉默的结果又是什么？他承认，在她犯错误时，自己还是面不改色，冷静相待。

这样做好吗？我不认同。我鼓励他跟他的秘书坦诚相待。或许，只有那样她才会提升自己的能力，改进自己的工作，从此不再犯那些错误。

3.你的意思是，我可以去跟他（她）说，我不喜欢他（她）的行为？

有些人不知道，其实他们有这个权力。许多年前，我也是这样想的。

我不知道，我可以告诉别人说，自己对他们的言行感到不舒服。

现在，我也一直听到人们这样问我："我真的能告诉他（她），我不喜欢他（她）那样做吗？""是的，"我说，"是的，是的，是的！"

布列塔尼跟一个同事一起做了一个项目，她的老板只肯定了她同事一个人，这让她感到很失落，但她不想告诉老板这件事。

她说："他是老板，我没理由告诉他这件事。"

但事实上，她有理由。就像我指出的那样，别人还有谁会对她加以肯定？

杰克也有这一类的问题。他的一个朋友的言行简直让他受不了。

杰克说："他要我参加一个直销项目，我不想加入。他就一直问我，我就一直说不。"

Chapter 03 你到底是怎样的人

我对杰克说:"为什么不叫他别再问你了呢?"

"噢,"杰克说,"我还真没想过这个。"

我跟他说:"那你现在可以想一想了。"

一位女士告诉我说,在打电话时,她很讨厌自己的姨妈老是喋喋不休地向她罗列自己的观点。

她对我说:"你的意思是,我可以跟她说,我不想听她老是说自己的观点?"

"对,"我告诉这位女士,"如果你做到有礼、有节、有力,那就绝对可以。"

4. 我害怕会出问题。

诚实当然是要冒风险的。即便你勇敢地做正面的对抗,并能够与他人诚实以对,那也不能保证事情的结果就是你所乐见的。

依据关系的本质来说,冲突处置可以被看成是一种力量的争斗或博弈。你或许没有太大的力量或影响,那么,你也就可能得不到自己想要的结果。

这一类风险常常发生在工作关系中。

假如你跟一个在公司里职位上比你级别高的人发生了冲突,那么,这个对抗的结果会是怎样的呢?

你可能在某件事情上与老板意见不一致,进而产生了对抗,结果是——那是你的老板,不管发生什么,事情最后总是会按照他(她)的方式来处理。因为你位卑言轻,职位比你高的人或许不会欣赏(或需要)你的诚实。

如果有礼、有节、有力地处置这种问题,你会丢掉自己的工作吗?虽然我可以告诉你,这种情形并不经常发生——但确实还是会发生。

你的老板或许只是想用你的诚实来对付你——仅仅因为他(她)说"我真想听听你是怎么想的",这并不意味着他(她)真的想要知道你的想法。

在第九章里,我会更详细谈到与高层人物打交道时,如何平衡风险与可能的收益之间的关系。现在,你只需知道,诚实确实会有风险。

在个人关系中也会有风险。

你可能会担心，跟一个朋友之间的对抗，会让他感到不舒服并影响到两人之间的关系。这里有个故事，版本略有出入，但我已经听过好几遍了。

一名男子和他的邻居之间出现了问题，他便跑到邻居的房东那里去抱怨，但是，他并没有去直接找那个与他发生冲突的邻居。

我问他为什么。他说："我担心他会有过度的反应。"与此同时，那个邻居却感到奇怪——这位男士为什么不直接来找他说清楚呢？

那个邻居可能并不那么可恶，他或许不知道自己打扰了隔壁的人，但为什么不选择说清楚却要让他大费思量呢？

接下来，我要说说应对陌生人的问题。

既然你不认识那个人，也不知道他会做何反应，这就让你无法开口说出自己的想法。我告诉人们说："运用你自己的判断。"但常常是，他们会担忧自己因为不知道会得到何种反应，而在应该说话的时候选择一言不发。

一位女士是坐飞机来参加我的研讨班的。她告诉我说，坐在她旁边的那个人一路都在听音乐，虽然他是用耳机听的，但她还是能听到音乐声，这让她心烦意乱，但她却不想直接对他说。

我问她为什么？

"我不认识他，"她说，"我不知道他会做什么反应。"

他会如何反应呢？在飞机上，周围还有这么多人。十有八九，他会将音量调低。是的，这其实不难，她应该直接说出自己的意见。

所以，她来参加这个研讨班真是来对了。

5.我怕自己会变得具有侵略性。

人们认为，如果他们感到不舒服或愤怒，就会控制不住火气，所以，他们会掩饰自己的不愉快，而不去面对问题。

事实上，人们混淆了愤怒和侵略性的区别。它们并不一样。愤怒是情绪，侵略性是行为。情绪无所谓好坏，你在情绪的控制下所做的事情才有好坏之分。

而且，你可以学着有礼、有节、有力地表达自己的愤怒。

在讨论完员工不良行为的话题之后，在面对自己手下的员工时，塔米卡无法直接指出他们各自存在的问题。她说："我怕自己会开始大声叫嚷，还停不下来。"

但如果她一直避而不谈呢？她迟早会爆发，那时候，她跟员工之间的关系又会怎样呢？很可能，每个人也都会受到损害。

对于深夜晚归的儿子，一个父亲不能跟其直接面谈，他面临的也是同样的问题。他不能和儿子直说，是因为如果孩子顶嘴，他怕自己会控制不住脾气。

虽然他已经厌倦了老是吵骂儿子，但强烈的情绪不会自行消散，多半他会在某一天突然爆发。在这一天到来之前，如果他能心平气和地跟儿子进行交谈，那岂不更好吗？

三种典型的逃避问题者

或许，你会因为以上某种原因而不去面对冲突，但实际上，你还是会做一些事情。对于那些不愿直接面对冲突进而解决问题的人，我根据其行为将他们分为三种类型。

抱怨者

第一种就是抱怨者。抱怨者是懦弱者的另一种说法，而在以前，我就是那样的人。

这类人害怕面对给他们造成困扰的人，所以也不会对他们说点或做点什么。通常，他（她）只是需要通过抱怨来减轻自己的委屈和烦恼。那他（她）会跟谁抱怨呢？朋友、家人、同事以及任何愿意听他（她）说的人。不幸的是，抱怨者从中获得的轻松感和愉悦感常常都是很短暂的。

艾丽莎的经理喜欢在其他人面前取笑她，她当面什么也不说，但到了家里，就会在电话里向姐姐哭诉。她丈夫回家后，她又会向他一整晚地倾诉。

这样做，有助于让她的经理停止取笑她吗？不能。因为他不知道她的感受，所以也就不会停止。

一名男子向自己的妻子抱怨说，他的朋友又让他熬夜——在网球场上，朋友拉着他较量不休。但他告诉他的朋友了吗？没有。

实际上，抱怨者浪费了太多的精力，却没有找对真正的解决之道。

回避者

回避者也同样在浪费自己宝贵的精力。他们是懦夫，会做一切来回避面对那个给他造成困扰的人。

他们说："这没什么大不了的。"而实际上，解决矛盾和冲突对他们来说很重要。通常，他们不仅仅只是回避面对冲突，还回避面对对方。因为他们认为，这样做比伤害某个人的感受更容易些。

过去，贝丝常常跟她的一个邻居一起晨间散步。但这个邻居一路都在抱怨，抱怨她的丈夫、老板、噪音污染，以及她在水果摊上挑不到上好的橘子。无论你说什么，她都能滔滔不绝地抱怨一番。

贝丝不想听她的负面言谈，因为那是她一天中唯一的放松时间。

她告诉我说，她不想伤害邻居的感情，所以就找了些借口不再跟她一起散步了。她不明白的是，那些借口都是显而易见的托词，邻居当然看得出。无论如何，她的邻居还是会受到伤害。

贝丝就是一个典型的回避者。

回避者不去直接而诚实地面对，而是编造借口，喜欢给人留语音信箱或者发短消息："噢，上帝呀，我的车被拖走了；抱歉，这次我来不了了……"

告诉我下面这个故事的女士也是一个回避者，她对我说：

Chapter 03 你到底是怎样的人

"一个跟我生活在一起的亲戚很喜欢指手画脚,她在一旁看我做家事时,总是会告诉我自己是怎样做的,以此暗示我的方法不太对。比如,要如何做三明治……这让我很不舒服,但我不想伤害她的感情。我发现自己会偷偷溜进厨房,以回避她的评头论足。"

有个人总是盯着你的一举一动,这怎么会不让你心烦呢?但我们也不应该在自己家里溜进溜出,令自己如此狼狈。

一个金融服务行业的经理表示,他有一个同行常打电话向他吹嘘自己新达成的一笔交易:"她一直说个不停,简直是眉飞色舞。我为她高兴,却也不想跟她再说些什么,以免一时冲动伤害她的感受。但这很浪费我的时间,所以,我老是将她的电话转到语音信箱。"

我鼓励他别再回避她,而是跟她交谈——以有礼、有力的方式。

一位医药销售代表对一位医生的行为十分恼怒,因为那位医生说自己在开处方时使用了这家医药公司的药品,但他知道其实并没有——医生是在糊弄他。然而,他却始终没能下决心跟这个医生进行交涉。他不断对自己说:"下次,我一定要说点什么。"但到了下次,他还是说不出口。

他所积累的负面情绪越来越多,后来,他不再给这个医生打电话了。后果就是,他和他的公司都丢了这笔生意。

这一类的行为,恐怕会损害任何一个人的职业形象和职业生涯。

而即便处在高位的人,有可能也是个隐秘的回避者。

一家公用事业公司的首席执行官承认,他会从会议室的后门溜走——以免碰到那个总是在走廊里拦住他、问他各种复杂问题的热心主管。

不过,最离谱的回避者,当属我在一个国际研讨会上碰到的一位女士。

她说:"一旦出了问题,我不会跟我的朋友当面说清楚,我想,我要做的就是不断去结交新的朋友。"

心口不一者

这类人总是会接受那些他们本心不想接受的事情。"没问题，什么问题也没有，情况再好不过了。"他们会这样想。

不像回避者，心口不一者甚至都不承认他们感觉不好。悲哀的是，他们也恰恰是那些健康很成问题（通常是慢性病）的人。

我遇到一位女士，上级"鼓励"她接受一项属于公司国际分部的海外任务。她不想离开美国，但又不想承认这一点，因为她怕这样会影响到自己的职业前途。

她告诉每个人（包括自己），说她对此没有任何异议——直到她开始掉头发。医生说她压力太大。最后，她不得不找老板说明了自己的实情——因为当一个人的头发开始大量掉落时，你就很难再装下去了。

我认识的一对父母，对于儿子的不良行为，他们从不跟他进行当面交流。他抽烟、旷课，跟一个有被拘捕记录的孩子在外面到处游荡。他们说，在自己所处的这个人生阶段，作为孩子就应该是这样的——或许，他们只是不想处理自己身上真正的问题。

不管他们不能就此进行沟通的理由是什么，假装问题不存在，并不能让问题自行消失。通常，这些问题只会随着时间的推移而变得越来越糟糕。

我担心，在这个男孩身上，将来很可能会发生些什么。他会遇到更大的麻烦吗？除非他的父母不再自欺欺人，不再一味佯装看不到儿子身上的种种问题，否则，更糟糕的情况可能真的会发生！

不面对冲突者所付出的代价

抱怨者、回避者和心口不一者，他们身上除了懦弱之外，还有一些其他相似点——他们背负的压力都很大，自尊心却都不太强，而且，对一个问题常常不能做出对自己有利的决断。

至于干扰者那些令人心烦的言行，是否会因此而改变呢？当然还是照旧——你不指出来的话，怎么能指望情况会改变呢？

那些不面对冲突者，他们可以抱怨、回避或假装喜欢，但他们的问题却不会就此突然消失得无影无踪。

这样处处委曲求全，每每总会令他们有一种无力感和挫败感——这样日复一日地过日子是多么煎熬啊！

那些错误的冲突应对方式

有些人有勇气直面矛盾或冲突，但行为却不够有礼、有节、有力。但有时，对于糟糕的结果，他们也表示不解。而如果太过直接的话，矛盾有可能会进一步激化，当事人最后往往也落得更加不快。

这里，有三个原因用以说明，为何有些人选择积极应对冲突，结果却不那么如人意。

1.你先是压抑自己的感受，然后又爆发了。

让人不舒服的感受不会自行离去。

阿丽亚玛参加了一个成人教育班。本来，对于坐在她边上的那个女子，她一直还挺欣赏的。可是后来，阿丽亚玛发现她开始成天咀嚼口香糖，就开始无法忍受她了。最后，阿丽亚玛实在忍不住脱口而出说道："你不知道你嚼东西时那'吧唧吧唧'的声音很难听吗？"对方当时很尴尬，马上停止了咀嚼。但从此以后，她就一直坐在远离阿丽亚玛的位置上。

如果当时阿丽亚玛选择理智、得体的方式与对方沟通，事情会怎样呢？或许，她们还会坐在一起。

当阿丽亚玛冲着那个咀嚼口香糖的女孩叫嚷的时候，她才发现——原来不良的情绪和感受是会隐藏在你心里的，它们会一点点地积聚，一旦爆发出来会让你失去理智。

如果你还处在那样的状况下，或者，这个让你看着很不顺眼的人又做出一些令人厌烦的事情——嘣！在某个时间点上，不是因为这件事，就是因为突然冒出来的其他事，你很可能就会爆发，进而情绪失控。

2.都是那讨厌的家伙引起的！

有些人相信，世界上满是讨厌的家伙。许多人从小受到的教育是"不要发怒，要保持冷静"。是的，那种"给他（她）一点颜色看看"的想法，并不是你恶劣行为的借口——永远也不是——这样只会引发其他人身上潜藏的侵略性。

我听到这样一个故事：

"有一次，我无意间发现，我女朋友的母亲偷听到我们俩的谈话——那是一次非常私密的对话。我怒骂女友是'婊子'，吼骂声都传到了屋外。我当时认为，这都是她自找的。但现在，我和女友结婚了，而我跟岳母的关系似乎从那晚开始就全变了。虽然我说过对不起，但我觉得岳母还是在记仇——她跟我很少交谈，也不会将我特意拉到她的对话中。"

他的岳母处处回避他，这并不奇怪。如果你冲着人家大喊大叫，别人当然不会对你有好印象。如果你大光其火，就可能会对你们之间的关系造成永久性的损害，即使并非每次后果都会这么严重。

3.你以为自己行事很果断。

或许，你认为自己很果断，但如果在交流中你还用上了愤怒的手势，以及自损或尖刻的语言，那么，你的行为就根本谈不上果断。为什么？因为你在无意中变得具有侵略性——这是人际交往中很容易发生的事情。稍后，我将给你指出许多在细节上、口头和肢体语言上需要注意的一些事项。

下面讲到的这个故事，说明了这类语言的重要性。

Chapter 03 你到底是怎样的人

在超市里排队时,我排在一位女士后面。在这位女士前面,有位男士推着一辆装满商品的购物车。这位女士说道:"嗨!你推的是什么东西?排到另外那一队去!"

显然,被她点名的那位男士显得很尴尬。他说,他不知道自己排错队了。那位女士很可能认为自己敢于直言,但因为她冲着别人大声叫嚷,所以,给人的感觉就是,她有点得理不饶人。

而在网络上交往时,你是无法利用肢体语言的,所以,你的遣词用语就显得更为重要。你或许并不是想对人尖刻,但别人可能就不这么认为。

我有个朋友去听音乐会。因为座位很不错,观赏效果一流,她感到很高兴,所以就拍了许多照片,并在演出期间将其发到了脸书上。直到有个朋友这样评论道:"早就受够了!我们懂的,你坐在前排!"

为此,我的那位朋友觉得自己很受伤。后来,通过电子邮件沟通,这个尖刻的评论者大方地道了歉。她说,她当时只是觉得好玩,她以为那位朋友会知道这只是一个玩笑。

但我的朋友又怎么会知道这是个玩笑呢?在网络上,她赖以了解对方的就只是对方的言词啊!

在与人交往时,有些时候,你的初衷或许很好,你或许觉得自己很果断,或许觉得是别人多事,但无论如何,你都不该变得具有侵略性。

这类人的自尊和自主性可能也较差。他们所作所为的结果常常跟他们的本意背道而驰,不仅没解决问题,反而引发了更多冲突。这样的处理方式往往得不到愉快的、积极的结果。

四种负面面对冲突的类型

消极的沟通行为也有一些共同特征，请留意以下四种：

火爆型

那个曾经压碎你午饭饭盒的孩子现在已经长大了。然而，很不幸，他（她）依然是一个脾气火爆的家伙。并且，他（她）就在你旁边工作，或就住在你的隔壁。他（她）就是那类人，当他（她）到来时，人们都会唯恐避之不及地说："老天啊，他（她）来了！"

这种人一旦受到质疑，就会以他（她）自己的方式解决一切，并变得极具侵略性。他（她）一旦感觉受了气，就会产生攻击性的行为，除此之外，他（她）似乎不知道该如何表达自己的情绪。而且，他（她）总是一心想赢别人。

下面的例子或许有些让人难以置信，但是，这些"火爆的家伙"们就是这样使你大吃一惊。

比如，当某个教授发现他文件里出现打印错误的时候，他就会变得心烦意乱。他不会对他的秘书说："你能修改好这份文件中的错误吗？"而是只会把资料甩到她的脸上。可以肯定，遇到这样的无声指责，她很快就修改好了，但是，这位秘书会喜欢她的老板吗？我想肯定不会。

同样令人难以置信的是，一位员工因为忘记通知一个重要项目的进程，他的老板就开始大光其火，一边骂他一边将咖啡杯朝墙上砸去。还有，一位药品销售代表去医院看病，因为她拒绝回答医生的一个问题，然后走进了一间有病人的检查室，所以，医生大声呵斥她，并说以后再也不许她进入自己的诊疗室。

咆哮型

咆哮、吼叫，是十足的暴躁脾气的表现。这类人只要对什么事情感到不高兴，就会表达自己的不满，并向某些人大喊大叫。

一位行政助理告诉我这个故事：

"我接到通知，需要给一个电话营销集团的雇员印制新名片。他们的区域主管告诉我说，要将他们的头衔从'电话销售代表'改为'电话销售员'。但是，有一位高级电话销售员却不怎么喜欢这个新头衔——他开始对我大吼大叫，并怒斥我是否知道自己在做什么，问我算老几，怎么可以随便更改他的头衔。我对他束手无策，因为他一直在那里吵闹不休。"

戴卫加入了一家本地自行车骑手新团队，但因为有两三个人不断地批评其他车手或挡在其前方车道上的人，于是，他一怒之下退出了团队。

"我骑车是为了放松，"他说，"我不需要像坐在婴儿车里的婴儿一样，听到一群人嘴里不停地发出各种念叨声。这样的糟糕氛围也无法让我的骑行速度变得更快。"

这样的一类人可能本身并无恶意，但他们的行为却往往无法很好地体现他们的意图。人们变得心烦意乱并失去控制后，这类人们会不断地咆哮、怒吼。而事后，他们又会对自己的行为感到懊悔。

在网络上，这类不开心的人也会通过发帖、电子邮件、文章或微博等电子形式，用字体全部加粗、大写的方式，以表达他们的不满。比如："好吧，我明白你的心情了，你很生气！"他们就是所谓的"在线咆哮一族"。

自我贬低型

这类人常常通过被动的语言，或非语言行为否定自己所说的内容，如："啊，对不起。嗯，你知道我有多敏感……""这可能仅仅是我的问题，但是……""我想是有点，可能是有点，困扰我的可能是……"

或者她说："这个意见冒犯了我。"然后，那个冒犯的人却听不到她所说的，因为她正低着头，并且说话声音比较小。

毫无疑问,你鼓起了勇气来面对冲突,但是,你却否定了你的态度,或根本不能准确地传达你的观点。这会让你更加责备自己,然后,你又回到了原先的懦弱、犹疑状态。

互不理睬型

这类人往往因受伤而保持沉默。他(她)容易忽视真实的问题,然后,当被压抑的情绪积累达到最高点时,便会引发其他的一系列问题。

例如,艾伦说,他无法面对妻子关于家庭财务方面的问题,因为他对于彼此之间尖锐的对立和无尽的争吵感到害怕。但是,在一些小事上,他又对她予以严厉抨击。比如,妻子把脏盘子放在水槽里,他会非常生气,甚至表现得过于咄咄逼人。结果,妻子因他的严厉斥责而变得更加怒气冲天,也让她对他的行为感到困惑。

实际上,他们为之争吵不休的都是一些鸡毛蒜皮的小事。同时,他们之间真正的问题并没有得到解决。

有两个室友,彼此之间关系很好,直到其中的一个室友谈了恋爱。那之后,另一个室友觉得自己的隐私遭到了侵犯。但是,她什么也没说。然而,有一天,她发现室友吃了她最后一份冷冻餐点却没有告诉她。于是,她们之间发生了激烈的争吵,而后各自摔门回房。随后,两人的关系降至冰点。

那份冷冻餐点真的是这场争吵的最主要原因吗?

其中的一个女生随即收拾行李搬了出去。两个人都感到很郁闷,也感到很受伤,她们两年中都没有再说过话。

不幸的是,我曾经听说过无数个类似这样的故事。

对照一下,你属于哪一种类型的沟通者?

对上述的印象,能够帮助你更好地认识一些普遍的负面行为。你可能已经意识到,自己同时符合上述中的多种类型。这种现象很普遍——因为许多负面表现会同时出现在一个人身上。例如，喜欢逃避的人有时又会表现得很擅长转变话题。我希望，你对于自己属于哪一类型有一个清晰的认识。

许多来参加我的研讨班的学员，都很不喜欢自己的个性，在这一点上，他们无不显得忧心忡忡。如果你感到忧郁，别担心，我会为你提供必要的帮助。

你的选择

人们在应对矛盾和冲突时，表现都会不一样。你可能会选择不直接面对冲突。又或者，你选择消极地处理冲突的原因，是因为你不知道还有其他的解决方法。所以，你不认为自己做错了。也有可能，你知道你处理得很糟糕，但始终苦于不知道其他解决方法。

你不知道有礼、有力的人际沟通技巧，是因为从来没有人告诉过你——但现在，一切都将不同了。

一旦你学会了积极面对冲突的技巧——那么，你就可以积极地处理人际冲突，并能妥善地化解各种矛盾冲突。当然，你可以选择正面对抗，也可以选择不接受本书描述、介绍的任何方法技巧或行为规则——你可以选择继续逃避、大喊大叫、苛责别人、保持沉默、委曲求全……

一旦你熟练地掌握了我所提供的交流技巧，很快，你会发现，在面对冲突和问题时，你可以有多种选择，而且，你所做的选择也会有相应的结果，并且是极为不同的结果。

正向沟通：非暴力人际沟通技巧

你属于哪一种类型的沟通者

不面对冲突或消极面对冲突的原因	不面对冲突					消极地面对冲突		
	抱怨者	回避者	心口不一者	脾气火爆者	咆哮者	自我贬低者	互不理睬者
不面对冲突							
1.你认为："那个人肯定知道他的行为不当，或对扰到别人。"	X						
2.我不想伤害别人的感情。	X	X					
3.你的意思是，我可以去跟人说，我不喜欢他们的行为？	X	X					
4.我害怕会出问题。	X	X	X				
5.我怕自己会变得具有侵略性。	X	X					
消极面对冲突							
1.你先是压抑自己的感受，然后又爆发了。				X	X		
2.你认为："问题都是那个对反的人引起的！"				X	X		
3.你以为自己行事很果断。					X	X	X

052

Chapter 04

不同的选择与不同的沟通者

现在，你已经知道，自己为什么会倾向于逃避冲突、拒绝正面沟通了。对于自己是哪种类型的沟通者，也更加心中有数了。这是很大的进步，但是，你还需要知道面对或不面对冲突时产生的不同后果。

当不能正面处理人际冲突时，无论你从事什么工作，哪怕你是一家大公司的CEO，都会发现自己的人际关系、自信心和职业形象受到了很大的影响。并且，你有一种强烈的欲望，想摆脱被动，转而使用有礼、有节、有力的沟通方法。你将想尝试这些技巧。一旦你将这些技巧付诸实践，或许，你再也不想回到从前的那种无力的状态中了。

但是，在学习正向沟通之前，大部分人一般不会考虑沟通方式的选择及其后果，他们甚至不知道自己已经做了错误的选择。但有礼、有力的沟通方法不止一种选择，也有其他的一些选择。

下面，我将说明不同的沟通方式及其产生的不同结果。

典型的消极沟通者

有一种很常见的冲突，即在公共场所大声喧哗。

高声喧哗、吵嚷者可能出现在你的办公室、家里，或者饭店中。当我在课堂中引用这个例子的时候，就会有许多人感叹："我也碰到过类似的问题。"

Chapter 04 不同的选择与不同的沟通者

想象一下，当你的同事亚历克斯正在邻座打电话时，他说话的声音太大，甚至让你没法专心工作。你不知道该说些什么，即使说了，也会担心亚历克斯是否会生你的气。所以，你向愿意倾听你的人抱怨道："亚历克斯总是这样旁若无人，真叫人讨厌！"或者，你不做理会，假装他没有干扰到你，并转到会议室里继续去做你的工作。然而，这样一来，你可能错过了重要的电话或通知。

我是这样定义消极沟通者的：他们是抱怨者、回避者，以及心口不一者，他们放任别人侵占或蚕食自己的空间——就好像你在最喜欢的餐馆预订了一个位子，最后却让服务员吃了你的晚餐一样。

当某个人正做着（或说着）一些你不喜欢的事时，你选择不说或不做任何事，那么，你就是被动的——这就是回避者和心口不一者通常所做的。而抱怨者通常会选择与其他人谈论对方的恶劣行为，却从来不找当事人当面谈论。

总的来说，所谓的消极行为是指——你把别人的感觉和权利看得比自己的更重要。

以下，是你不去要求亚历克斯降低音量的后果：

不会有任何改变。

亚历克斯会保持同样的音量打电话。他为什么会改呢？要知道，他并不知道自己打扰到了你，因为你从来没有告诉过他。所以，你的工作环境仍然难以改善。

你感觉自己很糟糕。

你当然会有这种感觉，因为你觉得自己是个懦弱、无能的人！

你可能非常想直接面对他，可能对自己说"明天就开始做"，但是，这个明天却从来没有到来过。

你可能在努力地假装这件事情并没有影响到你，或者，你已经足够成熟，不会让这件事情影响到你的心情。但是，这种"自我欺骗"只会让你感觉更加不好——它会悄无声息地侵蚀你的自尊心。

你们之间的关系通常受到了损害。

一位女士曾经如此描述一位令她讨厌的同事："只要听到卡拉的声音从办公室传出来，都会让我当场血液冻结！"

如果你跟卡拉每年仅见一次面，这没什么的。但是，当卡拉是一个你每天都得见面、相处的人时，又该怎么办？如果卡拉是你的老板、室友或邻居呢？你不能期望她识相地自行离开，你迟早得处理和她之间的种种问题。

这种钝痛的折磨会让你心生愤恨。它就像个小水坑，一点一点地聚积，最后，竟然变成了一片"愤恨的海洋"。为了缓解这日益增加的愤恨的紧张，你可能会开始抱怨或中伤亚历克斯，告诉每个人，他是多么的粗鲁或麻木不仁。怨恨会破坏人际关系。

或者，你可能会开始回避亚历克斯，殊不知，这也是一种心理折磨。

就像那位大公司CEO，他穿过一个会议室，其实是为了避开一个讨厌的下属。许多我见过的人都表示，他们走出房间、绕道而走、爬更多的楼梯、开车走更多的路等，也同样都是因为走原来的路会撞见那个"讨厌的人"。可是，纵然你处处回避，世上却没有什么道路能够让人逃避自己。

你会给他人留下一个消极的印象。

躲闪、羞怯、软弱、优柔寡断……这些会变成他人对你的印象。

从能力上来说，对于负责公司的下一个大项目，你可能是最有潜力的人。但如果你已被贴上消极、懦弱的标签，在你的上级评估你时，他（她）可能就会担心你是否能完成工作，或是否有能力处理可能出现的冲突。

例外的情况：接受可能是最好的选择

有时，选择什么也不做或什么也不说，可能是你所做的最正确和最积极的选择。

你可能会因为一些正当的理由选择不去面对问题，例如：你认为那不是正确的时间和地点，从政治立场看不适宜，你以后再也不会见到这个人了，或者对方是个性格怪异的人……所以，在日常生活中，你会经常遇见这样的一些情景：

· 你的朋友总是迟到。这虽然让你很抓狂，但你默默接受了她的这个毛病。你为什么要接受呢？因为你们是多年的朋友，她对你的各种怪癖也总是表现得很包容。

· 你的同事一整天都心情很差。你每次问她一个问题，她都会严厉地抨击你。但是，你没有生气，你知道她的母亲病得很厉害，并且，照料母亲的重担都压在了她的肩上。尽管她那尖锐的言语令人讨厌，但你意识到，她的行为并非出于本意，只是暂时的而已。所以，你决定什么也不说。

· 你已经度过了痛苦、糟糕、极坏的一天。现在，你发现室友把盘子丢在了厨房水槽里，心情随即变得更加糟糕。但你知道，等到明天自己就会感觉好一些。所以，当你感觉神经如此紧张时，你决定不再去和她谈及关于盘子的琐事。

· 你和一个极善于编写计算机代码的程序员一起工作。一天，因为你不小心犯了错误，他发了火，向你大喊大叫，还示威一般地挥舞着拳头。虽然他的行为令人很反感，但是，如果你直面他的话，他的情绪将完全失控。所以，你决定晚点再和他讨论。

请谨记……

正如你所发现的，被动的消极行为并不总是有效的。

事实上，在面对一些人时，你可能会消极对待，表现得好像自我贬低一样。然而，最后，事情却完全不像你所预想的——当你鼓起勇气来面对，却因为语言或其他错误，使得事情朝着你不可控的局面发展。

就像我在本章开始时听到的那个例子，你决定和亚历克斯说些什么，可你又不想伤害他。当他挂完电话后，你抬起头，越过你们之间的隔板说："我知道这让我很为难，你可能会认为我是一个讨厌的人，但是，你打电话的声音如此之大，它会使人分心。对不起，当你打电话时，我感到自己很难集中注意力……"

但是，在你说这番话的时候，为什么要把自己的位置放得那么低呢？是因为亚历克斯的声音太大吗？你本不应该如此的。但是，会选择这么做的人，他们是如此害怕伤害他人，所以，不得不选择贬低自己，而他们真正的态度却并未表现出来。

这是一种自我贬低的行为，且时有发生，往往是由于顾虑到不伤害对方的感情。所以，他们选择了压抑自己的情绪，并不表现出来。

让我们再来看看瑞克的情况，他是一家药品公司的临床研究员。最近，瑞克对他的老板越来越感到不满，因为老板给他分配了大量额外的工作，却没有给予补偿。所以，瑞克决定要求老板给自己加薪。

"我告诉他说，我的工作时间已经很长了，他表示赞成；我告诉他说，我所承担的工作量已经超过了我刚进公司的时候，他也表示同意。他告诉我说，我是一个勤奋的员工，并明确表示欣赏我。然后，他问我的项目进展如何。我在他的办公室待了一个半小时，可直到出来后，我才意识到，我们谈论了所有的事情，就是没有提到加薪的话题。我真的从来没有要求过他。我想，我心里是在等老板先提出来，但是，很令人失望——他并没有。"

你选择怎样与他人沟通

接着前一个案例，可能你认为，那个亚历克斯是笨蛋！对于自己的声音很大，他怎么就意识不到呢？对于他所做的，你越来越感到抓狂。你暴跳如雷，并越过隔板大喊："你能小点声吗？你都要把我弄疯了！"

如果我问一个咆哮者："你为什么对别人吼叫？"他可能会说："我必须做些什么""我没法控制自己"，或"我就是这样子"。

但是，当你通过怒吼、尖叫、谩骂、贬低、呵斥或者侮辱的方式来回击对方时，这并不是你的自然反应或天性使然，你的选择令自己几近崩溃，这无疑是此前的过于迁就所带来的消极结果，然而，你却是自作自受。这种行为所导致的结果有以下几种：

其行为可能停，也可能不停。

亚历克斯可能会暂时放低声音，然后又逐渐变大。他可能会认为你是个笨蛋，然后，他可能会将声音提得更高——仅仅是为了惹恼你。

如果你以恐吓，或让他难堪的方式来让他放低声音的话，请记住，当人们受到了攻击时，他们会反过来进行回击。

亚历克斯可能会决定，晚一点再通过其他的方式来反击你。

你感觉自己很糟糕。

这是你所面临的困境之一。向亚历克斯宣泄过自己的激愤之后，你可能会有短暂的快感，自信心也会大增。这种感觉会使人们相信，那种侵略性的行为是可行的。但是，相信我，它不会持久的——你迟早会意识到自己已然失控。

你们的关系受到损害。

没有人会喜欢被别人吼，亚历克斯也不喜欢。如果某人对你大吼，与他一起工作或成为朋友对你来说将会变得很难。事实上，这种行为常常会破坏正常的人际关系。

其他人可能会对你有负面的印象。

你可能会被他人视为鲁莽的人，需要被约束的人。你的同事或朋友可能会认为，你是个自控能力很差的人，亚历克斯甚至可能会害怕你。还有，你本来可能是最有升职可能的那个人，却因为你处理问题的方式而被淘汰。

例外的情况：当主动回击是正确的选择

当然，有时候，你选择主动攻击可能是正确的选择，尤其是当你受到威胁的时候。以下，是一个选择主动攻击而不必懊悔的案例：

格蕾丝是一位摄影师，一次，她受雇为一场宗教盛会做拍摄工作。当然，她已经得到允许，去那里拍摄盛会的整个过程，但当时，一位坐在她身后的男子并不知道这些。当她转身拍照的时候，他抓住了她的相机带子，这个动作顿时令她感到窒息。

他告诉她，教堂内不允许拍照，并紧拽着她，不让她离开。这时，格蕾丝抓住了他的领带，狠狠地拉住并说道："立即松开你的手！"

或许，那位男子的本意并不是要让她喘不上气来，但他的冒失确实导致了这样的结果。当她抓住他领带的时候，他也放下了手。

在这种比较极端的情况下，格蕾丝的回击是恰当的。

不要混淆"攻击性回击"与"正面沟通"

因为攻击性回击和有礼而有力的行为，都是应对其他人不当行为的方式。所以，人们就容易混淆不清。

达琳向我描述了她认为的、自己所做的积极的反击行为。

一位女士和她同为一个组织的成员，一次，这位女士用手指着她，并且大放厥词。达琳便抓住那位女士的手，叫道："你以为你是谁？你再指我一次试试！"

达琳认为，自己采取了果断的行动，所以，她的行为是积极的。但事实上，她的理解是有问题的——她抓住那位女士的手，并吼叫着反击回去是非常无礼的——那是一种攻击性的回应方式。

对于那些还不知道可以有礼、有力地进行人际沟通的人而言，这是一种普遍的错误想法。

他们认为，自己只有两种选择——要么是进行攻击性的回击，要么就是不回击。他们认为，为了保护自己而大声咆哮是一种积极的应对行为。

但是，要明白，果决地采取行动只是正向沟通的一部分，而如何采取行动也是非常重要的。

此外，还需注意的是，当你已经选择正向沟通的时候，一些人可能会不公平地给你贴上"攻击型人格"的标签。或许，其他人并不知道怎样做一个有礼且有力的人。或许，他们从没这样做过，或认为这种行为不太可能是你做的（过去在面对冲突时，你可能不太会选择正向的沟通）。

做一个有礼、有力的沟通者

你完全可以做一个有礼、有力的沟通者

或许，亚历克斯的行为全然出于无意，他并没意识到自己说话声音太大而影响了你。你可以站起来，走到他的桌前，问他能不能坐下来和你谈一小会儿。然后，你平静地解释说，当他在打电话的时候，他提高的声音影响了你，导致你无法工作。

最后，你可以告诉他，如果他可以减小声音，你会非常感激。

有礼、有力的沟通方式

我想做一个简单的描述，以期说明有礼、有力的沟通者的表现是什么样的。

让我们忘记被动的、武断的，以及攻击性的行为。正如你看到的，对于这些行为，人们往往会混淆不清。你将会明白，为什么采取有礼、有力的沟通方式是如此的明智。

有礼、有力的沟通方式意味着：

·你知道是什么困扰了你。

·你知道你想让对方做什么。

·你明白自己的立场以及对方的观点。

·你做了对自己来说有意义的选择——直接地、有礼有力地向某些人表达了自己的观点。

·当讲话的时候，你使用了敬语。

做出这个选择，会出现的结果是：

通常情况下，困扰他人者的行为会停止。

亚历克斯很可能会降低他的声音。为什么不呢？要知道，大部分的人并不蠢。当给对方以足够的尊重后，对于大部分人来说，他们将会以同样的方式对待你。虽然有礼、有力的行为并不能保证你总是会得到你想得到的，但是，它却能带给你最好的人际关系，并且，这也是你能选择的最好的解决方案。

你对自己的感觉会很好。

你当然会有这种感觉。因为你的行为表现不仅尊重了自己，也尊重了别人。你没有让你的消极情绪主宰生活，相反，你发现，你可以控制一切。

通常情况下，你和那个人的关系会十分融洽，并且，以后会更好。

当你真诚地化解了与别人之间的矛盾后，在工作中以及个人生活中，你和他人的关系都会得到提升，因为他们将会对你更加真诚。

当有礼、有力地面对冲突时，你能及时地阻止那些让人反感的行为。于是，你没必要忽视或逃避那些让你讨厌的人。你也能停止抱怨，不再苦苦地装作"一切都OK"。

我要再一次地说明，虽然有礼、有力的沟通并不一定就能保证会有好的结果，但是，对于保持较好的人际关系却是最有帮助的。

其他人会对你有一个正面的印象。

亚历克斯可能会感激你，因为你让他知道，是什么打扰了你——这很出乎意料吧！他可能会因你的率直而主动说出对你的良好印象。与之相反，如果他发现你在办公室里到处说他的坏话，他当然不会对你有一个好的评价。

有礼、有力的人能够和各类人在一起融洽地工作，那是一种能够促使人们彼此分享的可贵素质。

对于你所做出的每一种对抗性选择的结果，下面的表格做了总结：

对抗性选择的结果			
	消极型	攻击型	有礼有力型
令人反感的行为	持续	遏制/持续	常常得到遏制
自尊心	降低	先增强、后降低	增强
人际关系	受损	受损	得到维护/可能提升
个人形象	受损	受损	会提升

很难相信，有人会选择主动伤害他（她）所专有的人际关系，从而令自己的自尊受损，或鼓励别人看低他（她）。但是，有成千上万的没有练习过正向沟通技巧的人，却每天都在这样做。

许多参加我的研讨会的学员都对这一发现感到震惊。

我常常听到这样陈述："我之前怎么就没有意识到这一点。"或是："我以前一点都没认识到，让自己的友情受损的原因，恰恰是我无法告诉人们我的真实感受。"

当你已习惯了一种处理问题的方式——包括你决定面对还是不面对，它就会变为一种你下意识的习惯。

你或许并未意识到，它是如何影响你以及你周围的人的，但是，一旦你意识到并明白了自己的习惯模式，你就能改变——这种改变可以令你变得更好。

我曾一而再、再而三地发现，即使在最初的时候，改变旧有的行为模式也会让你很难接受，但是，待阵痛过后，你的整个人生将发生积极的转变。

有礼、有力的沟通方式，恰恰是正向沟通的入口。

一旦意识到自己的人际关系、自尊以及个人形象已经受损，那些想要在事业上、个人生活上获得成功的人，将会改变原有的被动（或攻击性）行为。

诚实地回答：

想一想，你最近一次在面对冲突时所选择（或想选择的）的处理方式。

当时，你做出了什么选择？那个选择对你的个人生活产生了什么影响？

现在，你会让自己选择不同的沟通方式吗？

然而，我也要再次提醒读者，有礼、有力的沟通方式并不能绝对保证你将得到自己想要的结果。

大部分的人发现，在面对冲突时，当他们有礼、有力地应对时，他们得到了自己想要的，或至少获得了某种程度上的满足。

我希望，我也能给你一个绝对的保证，但是，我不能。一场沟通中至少包含两个人——你不能控制别人，能控制的只有自己。你不知道别人将会做出怎样的反应。你可以预言，但它也仅仅是一个猜测。

但是，我能保证：不论结果是什么，当你有礼、有力地应对冲突时，你会感觉自己处理得当，并且，在和别人相处的时候，你也会清楚地明白自己处在什么状态。

现在，在与人相处时，你会发现，自己多了一种可行的选择。

Chapter 05

蠢人测试

现在，你已经决定采取有礼、有力的沟通方式，并打算学习有礼、有力的应对技巧。一旦你打算确切地实施，你就不会再被"蠢人们"的想法打败了。

但是，在你决定大声确切地说出来之前，我先让你做一个测试。让我们先对"何为蠢人"这个问题做一番讨论。

我想，"蠢人"是个伟大的词语——它没有性别差异——男人可能做蠢人，女人也可能，实际上，任何人都可能成为一个蠢人。

但实际上，有多少人做了蠢人呢？可能，并没有你想象的那么多。人们之所以会做出某种行为的原因有许多，"犯傻"只是其中之一。其他还可能包含文化或性别上的差异、个人经历、阶级差异、年龄差异、语言差异、宗教信仰差异……

通常情况下，对于别人所做的那类看似难以沟通的行为，我们会很快做出消极的评判或假定。我们不明白，那个人为什么会做出令我们发狂的行为。很讽刺的是，正是我们这样认定的判断，让自己也变成了蠢人。

一旦你明白了促使其他人采取其行为的原因，或许你仍然不喜欢对方的行为，但是，这不一定就意味着那个人就是个蠢人（而你不是）。

如果在面对冲突时，你的想法是——"喔！他（她）真是个蠢人！"如此，就会使自己陷入一种消极的体验中。如果你已经认定某人是一个蠢人，那意味着，你觉得他（她）对你不好或不公平。

当你心烦意乱的时候，你很容易表现出攻击性的行为。但是，如果此时你的想法是，"这个人可能是个蠢人，也可能不是。首先，我应该决定应该怎么处理。"

如此，你将很可能获得一种更加积极的体验。

但是，我们会很容易对别人产生怀疑的印象吗？并不总是。因为我们的第一印象常常会在瞬间形成，特别是当我们心烦意乱的时候。

但是，对于看看那个人是否真的是个不值得理会的蠢人，你怀疑一下却是值得的，很可能会把你从一个解不开的矛盾冲突中解放出来。

蠢人测试

在自负地认定某个人是蠢人之前，这里有七个问题，你需要问一问自己：

1. 对方是否真的意识到其非语言行为所产生的影响？

语言和非语言信息（即肢体语言或身体语言），是人们表达自己的两种方式。或许，他们本想表现得彬彬有礼，但他们的肢体语言却可能会传达出另一种相反的讯号——可是，他们本人却并未意识到。

然而，一个棘手的问题是，对于语言和非语言表达，人们最先接受的往往是非语言类行为所传达的信息。

被怀疑为蠢人的人，他（她）可能并没有意识到自己的非语言信息会让人感到混乱。这是因为，人们并不能总使他们的非语言行为和自己的言谈、意图保持一致。

在一家创意公司中，有两个创意总监对副总裁所说的话感到很困扰，因为他赞扬他们"做得好"，但是，当这位副总裁嘴中说着表扬下属的话时，视线却并没有离开他手中的平板电脑。

所以,他们说:"我们总是不能确定他的意图。"

然而,有时,我们只能通过非语言的行为对人们进行评估。

一个网络工程师认为,他所属的小组的一位女士在会议中不尊重他。他说:"当我发言时,她总是咯咯地笑着打趣我,好像我的观点一点儿都不重要。"

是以,他对她非常反感。在学习了正向沟通的技巧后,现在,他发现,自己能心平气和地面对她了。令他感到惊讶的是,她对他之前的感受感到很惊讶——她并不知道自己的笑声给人传达的是令人反感的信息,而实际上,她丝毫没有贬低他的意思。

在这件事上,她感谢他能够向自己坦白。她还想知道,是否还有其他人也有相同的感受——在她还不知道的情况下,是否还有人被自己的无心之举触犯到?

当我们大笑或咯咯笑时,有谁会意识到自己可能无意间冒犯了别人呢?几乎没有。或许这看上去挺蠢的,但请相信我在这方面的经验。

关于语言和非语言行为中所包含的丰富的信息,我已经对此做过详细的分析,并将之教授给了成千上万的人。我可以告诉你,真的,人们的确常常意识不到他们正在做的举动,诸如傻笑、咀嚼口香糖、发呆、交叉手臂、哈哈大笑、咬铅笔、皱眉……就像一位女士告诉我说,她没有用手指着我——然而,当时她正用手指着我!

通常情况下,这些人并非就是蠢人。他们可能有坏习惯,或根本就没有意识到他们的非语言行为传达了某种负面信息。事实上,你也可能有这个问题。

人们总是很容易就会做出扰乱别人的事情,或令人讨厌的行为。所以,正如我们以后会读到的——保持语言和非语言行为的一致性,对于正向沟通是非常重要的,而言行不一致则往往会导致误解。

2. 网络互动只是纯粹的文字互动吗?

许多人认为，电子邮件、短信或社交网站之所以会出现，是因为它们有助于人际交流，却不需要面对面的语言交流。而实际上，社交网络中也包含着大量的语言信息。

一位图书馆的管理人员发现，他的行政助理总是会发一些简洁的却很让人不舒服的邮件，如"主管要尽快见到你"。有时，这样的邮件会给人造成这种印象——主管对员工很不满。而当那位助理发现人们对她所发的邮件感到很不舒服时，她自己也感到很委屈。

当然，她并不是一个蠢人。她只是想直接地切入主题，却没有意识到，她需要用婉转一点的语气来说明为什么主管想要见某人。比如，"主管想要尽早见到你，并和你讨论一下他刚刚拿到的预算数据。你什么时候有空？"

还有，当用电子信息沟通时，你也可能会遭遇技术故障，而仅获取了部分的内容。

例如，有这样一条Facebook上的评论："哇！我不敢相信，你带女儿去了那场音乐会！"就是这样一条看似无关紧要的消息，居然令两个朋友间产生了很深的误解。

那位带女儿去听音乐会的母亲艾莉森觉得，自己的闺密朱莉发这样一条评论，无疑是在数落自己，她认为自己不该带女儿去看一个擅长唱情歌的流行歌星的演唱会。艾莉森觉得，自己作为一个母亲受到了质疑，所以，自然而然地，艾莉森认为，朱莉是一个喜欢对他人指手画脚的蠢人。

事实上，当她们偶然间碰面之后，朱莉阐述了她的意见——她认为，自己写这样一条评论毫无贬损之意，只不过是想说明，自己也带着女儿去了同一场演唱会。

而导致误解产生的原因是——她先发的句子显示出来了，而第二个句子"我们也在那儿"却没有在评论中显示。

然后，还有一些常见的遣词用句的错误。这个我们也都比较熟悉，现在，许多的网站都致力于分享关于各种网络留言的可笑的错误作为娱乐。

一个朋友发短信邀请他的老板到家吃晚饭。他写到——他在晚餐中将"烤一些孩子",但是,他真正的意思是——他会烤一些牛排。我的理发师发短信给我说,她可能会迟到。我想回短信"NP",表示没有问题,但却被系统自动更正为"NO"——她应该会想,我是在生她的气。

3.对方的文化背景是什么?

在美国,有很多来自世界各地的人,许多时候,我们总是会对对方的观点表示质疑。这是一种因为成长环境不同而导致沟通不畅的结果。

不论你是从事国际贸易工作还是从未离开过你的国家,现代人都可能会因为个人文化背景的不同以及个人交流方式(对于那些把英文作为第二语言的人)的不同而相互影响。

过去,我教过第二外语,知道掌握英语对于许多非英语国家的人来说是多么的困难。掌握正确的词汇是非常重要的,因为我们需要用它们来表达自己的观点和想法。但是,一个把英语当成第二外语的人,其所掌握的词汇量可能是很有限的。对于自己的想法,他可能就不能完全、明了地加以表达。

对于他们笨拙或迟缓的发音,同样的,我们也可能很难理解。随着相互理解的困难逐渐加深,就可能会导致种种误解或矛盾——因为双方都缺乏对对方文化、传统的深入理解。

这里有一种常见的对于文化的定义,说明了它为什么会产生如此多的矛盾:在一个族群里,信仰、态度、思想和价值观是共有的。然而,在不同的族群中,在一种文化里很重要的东西,在另一种文化里可能就不那么重要;在一种文化里是无礼的行为,在另一种文化里可能就是可以接受的。而大部分的人却不会管与他人在文化上的差异,他们趋向于认为:与他们不同的,就是错误的。

当我问一组美国人:"英国人在开车时要靠街道的哪边?"大部分的人都将会回答错误的那边。但如果我问英国人,他们的回答也一样。

一位美国公司的销售代表为自己和一位印第安客户订了午餐，但餐点里面却有肉。

像许多印第安人一样，那位客户是位素食主义者，因此，他当即被那位销售代表的行为触怒了。同时，客户感到很惊奇——为什么那位销售代表不能点一份素食呢？他怎么可能不知道我不吃肉？

那位印第安客户因此停止了与那位代表的见面，而这位代表还一头雾水，根本不知道发生了什么事——结果是，他们都认为对方是个不可沟通的"蠢货"！

4.那个人真的是有意伤害你吗？

当然，在各种沟通不畅或彼此误解的案例中，大部分人的本意并不是想伤害他人。但是，许多人总会由于各种原因而变得心不在焉或词不达意，并且无法深入地了解对方，进而对他人产生强大的影响力。

几年前，有一次，当我在高速公路上行驶时，另一辆车里的一个男人不停地在我的车后按喇叭，并向我叫嚷道："你真是个笨蛋，没见过比你更蠢的人！"

事实上，我不知道自己挡了他的道，但我相信，我遵循了交通原则。而他却是如此确信——我就是个比蠢人更糟糕的人。

我是否该下车同他理论？没有。因为如果我这样做了，那才是个错误。

5.是个人原因还是坚守制度所致？

许多时候，我们对某人感到气愤，或许，只是因为他（她）遵循了某项制度。或许，只是因为我们不知道或不喜欢这项制度，但这并不是那个人的错。

例如，一位保险索赔调查处的职员抱怨说，办公室里的工作人员总是给他发送一些不必要的邮件。

"为什么？"他想知道，"人们是要浪费我的时间吗？我不介意谁在办公室，但为什么我需要知道每个人的假期计划？"

当他向总监抱怨的时候，才发现部门有规定——当某个人不在办公室的时候，他（她）需要告知其余的每个人。自从这位总监管理这个部门开始，就一直在执行这个制度。而总监也想知道："为什么这项制度就只有你不知道？"

有一位母亲，因为她的孩子生病了，所以，她想在家完成公司的工作。当她的老板告诉她，她必须在公司办公时，她感觉非常烦躁。但后来，当她问老板是否有变通的解决方法时，老板告诉她，自己只是遵从了公司的制度。

是的，这是一项制度，虽然老板也觉得有些不近人情，将来也可能有所改变，但是，在那之前，老板必须坚持这个制度。

6.那个人和你一样适应高科技产品的使用吗？

回忆一下，当传真机还是个非常复杂的"新发明"时，你该如何处理工作中的事情？或许，你对此已没多少印象了，因为当你进入职场的时候，传真机早已普及了。

新科技的出现日新月异，每当此时，就会产生一个新的"学习曲线"——在这个曲线里，你无法处理的问题并不代表其他人也不能。而有时候，误解和歧义也可能是世纪迭代或技术迭代造成的。

那些生活在高科技产品普遍应用的世界里的人，对于那些后来才接触新技术、新技能的人——那些不得不适应新技能的人，或许会这样想——他们或许不是蠢人，但是，他们那死守教条的"老顽固"模样真令人讨厌。

马里恩是一个非营利组织（NGO）的志愿者主管，而埃里克是一位新加入的大学生志愿者。关于一项计划的改变，因为埃里克没有给马里恩打电话加以说明，马里恩感到很生气。但埃里克认为，因为此前他给马里恩发了电子邮件，所以，他们之间的交流没有问题。而结果是，马里恩几乎不看他的电子邮箱，也没有看到埃里克的信息。

随着智能手机的普及，出现了越来越多的所谓"低头族"。"低头族"，是指在面对面与人相处时，那类冷落（或不顾）旁人只顾着低头看手机的群体，现代社会中，这一群体已然成了一个易引发冲突的根源。

吃饭时，当你把手机留在水杯旁边，或开会时放在笔记本旁边，无疑意味着你在暗示别人："如果它震动或响了的话，我将及时接起电话。"

是的，这看起来很敬业，但却是相当无礼的。但许多"低头族"并不知道。

当人们使用一种新的高科技产品或新的媒体网站时，会做出各种奇怪的或是无礼的事情，但是，他们通常并不是故意的。

然而，当人们沉溺于自己的"新玩意儿"带来的刺激，甚或变得完全上瘾时，就需要拔掉电源提醒他们了。

很多人并不知道，当他们在一家餐厅或在音乐会上用手机发送信息时，这会让他们看起来像蠢人。人们也并没有意识到，当他们在 Instagram 或 Facebook 上过度分享自己各色各样的照片时，别人会觉得他们令人生厌，并认为他们属于"蠢人一族"。

因为社会媒体和电子通讯可能引起如此多的误解和冲突，所以，在第十三章里，我会做更多的探讨。

7. 那个人是否获得了相同的或足够的信息？

我们可能会认为，对于某一事件，与之相关的其他人和我们一样，也拥有同样多的素材和信息，但实际上事情往往并不是这样的——或许是因为一个疏忽或错误的传达，一些人确确实实"没有收到备忘录或关键提示"。

比如，布雷特去度假时，公司总监给他发了一封邮件，里面还有个附件，那是一个说明备忘录——提示说，今后工作人员在办公室内不允许再穿牛仔裤，这一规定即日起生效。

然而，当布雷特结束了假期，周一早上回到办公室时，他却仍然穿着牛仔裤。此举令总监认为，他是在无视公司新的制度。

可实际情况是，由于布雷特度假所在地的网络信号不好，布雷特打不开邮件的附件，直到他到办公室后，才知道了这个新规定。

还有另外一个例子。

有四位朋友经常一起度过新年假期。其中的一个人跟我说:"在这个四人小群体中,我们三个一直保持着联系,并为假期做规划。就只有一个家伙——汤姆,他一整年都不与我们联系。虽然他有一份耗时耗力的工作,但我们在做计划时却不能没有他。我已经给他打了电话,但他却始终不回。而如果我们把他丢下的话,他会很生气。但是,如果我们一直等他,就会错过预定的度假时间。"

我问他,是否给他的朋友说明了打电话的原因。他说:"嗯……没有,我只是让他给我回个电话。"

在意识到这之后,他决定留一条与以前不同的信息给汤姆:"汤姆,我们在努力地做新年计划,但是,在做计划时,我们不能没有你。因为我们不想把你丢下,所以,请在周五打电话给杰夫,这样我们便可以先预订酒店,可以吗?"

汤姆并不是一个蠢人,他只是没有意识到事情的紧迫性。所以,他在周五回了电话。

消极躲避或不躲避

一旦你意识到,那个你曾经认为是个蠢人的人,或许他(她)根本就不是。如此,你就可以更客观地做决定:要么消极躲避他(她),要么积极回应他(她)。而如果你不放任不理的话,就极可能会用到正向沟通的办法。

如果对方真是一个蠢人呢

庆幸的是,蠢人并没有你想象的那么多。不过,他们当然也是存在的。如果你真的接触了一个蠢人,那该做什么?

首先，让我告诉你不该做什么：

· 不要以牙还牙。"路怒一族"的行为也是这样升级为暴力行为的——"你敢堵我的路，那我也堵你。"这会使你也成为一个满腔怒火的蠢人。

· 不该行为粗鲁。一次，在一家咖啡店里，我朋友的儿子乔丹正在打电话，但他的声音较大。当邻桌的夫妻离开时，那男的对乔丹喊道："祝你聊得愉快，我们都听到了。"虽然乔丹的声音是大，但是，那也不是那位顾客出言不逊的借口。乔丹不知道他的声音大，如果告诉他的话，他会降低音量的。

· 不该斤斤计较。如果某人的所作所为确实让你反感，并且，你又不得不和他（她）经常见面，就不要抱怨他（她），也不要回避他（她），或假装他（她）没有影响你。

不要吼叫、恐吓，或因对其不满而在其他事情上对他（她）处处计较。

那么，你该做什么？

· 你可以选择忽视那个让你不愉快的人。如果那个人是一个完全陌生的人，为什么要让自己不舒服呢？要知道，以后，你可能再也不会遇见他（她）了。

· 你可以选择采取正面的、有效的沟通。

采取有礼、有力的沟通可能是你最好的选择，尤其对于和你经常见面的人来说。

为什么要总让一个蠢人引得你神经紧张呢？为什么要允许一个蠢人让你承受极大的压力呢？你能自如应对他（她）——只要你从容地面对就可以了。

我希望，你现在已明白了，为什么有礼、有力地正向沟通是处理冲突的积极方式。这种选择的好处是，它将带给你——更小的压力、更融洽的人际关系，还有自尊的提升。

在我的培训课上，大部分人告诉我说，他们要深入地学习有礼、有力的沟通技能。

下面我要提及的，就是关键的WAC沟通模型。

PART 2

良好的正向沟通模式

Chapter 06

WAC沟通模型

在第一部分，对于你是一个什么样的沟通者，我们已经集中做了探讨。对于处理日常的冲突，我也说明了，正向沟通是更有效、更容易解决问题的一种方式。

所以，让我们假设，你和另外一个人之间已经产生了矛盾。现在，你不确定应该说什么，也不知道应该如何处理它。但是，你能确信的是，对于无休无止的抱怨、逃避、龃龉或吼叫，你已经感到疲于应付了。更难堪的是，你已经无法与他（她）正常交流了——你没法说明白，你想让他（她）做什么。而且，你也已经做了蠢人测试。

那么，现在，是该直面自己和他人的时候了。

现在的你，已然具备了一个有利的条件——你已经知晓了正向沟通的方法。相对于以前的行为，你知道，自己有了一个更好的选择。

太好了！但是，在实际生活中，到底该怎样与人进行正向沟通呢？

正如我已经提过的，过度反击或咄咄逼人，即使出发点是正当的，也可能会陷入不同类型的交流困境中——因为对于令人反感或难以接受的行为，大部分人很难选择该说些什么，以及怎样说。但是，一旦你知道此时此地应该说什么以及怎么说，沟通中最困难的部分你就已经解决、克服了。

WAC模型

良好的正向沟通始于WAC模型。这个简单的模型，能够帮助你更好地处理冲突，并迅速走出交流困境。WAC是三个首字母缩略词——它们代表了交流所必需的三把"语言钥匙"。

W="什么"。到底是什么让你感到反感？明确问题所在。

A="问"。你想要求对方做什么或改变什么？明确你将解决什么问题。

C="验证"。你要求那个人改变他（她）的行为。他（她）是怎么想的？你需要验证并明确。

不要轻易攻击他人，在处理那些困扰你的交流困境时，尽量使用WAC模型。

你知道的，如果选择攻击他人，就可能会使自己看起来很粗鲁。不仅如此，情况很可能变得越来越难以控制。但是，如果你谨慎地采用WAC模型去分析自己和对方的动机，你将会给人一种积极的、理智的印象。你会更好地控制自己的情绪，并且，还会迅速终止对方那令人生厌的语言或行为。

WAC模型一点儿都不复杂。

是的，对于来自社会各阶层的男人和女人，很多人都用它做过测试。结果证明，对于不同收入水平、不同教育水平的人群——它都是有效的。它将会帮助你弄明白那些让你反感的人与事的真正原因，以及你到底想让那个"难搞的人"怎么做。但是，请记住，在把WAC模型付诸实践的过程中，可能不像听起来的那么容易——因为大部分人并不知道该怎样运用它——当面对真实的交谈困局时，他们不知道该怎样有效地组织自己的语言，直到坐下来尝试。

首先，弄明白自己到底想说什么，这一点真的很重要，而WAC模型的出发点，恰恰就在于这一点。

当你就某一问题准备说些什么的时候，它可以确保你说出来的话是有礼、有力的——而不是被动的或是有攻击性的。而如果你对此毫无准备的时候，语言很容易就被卡住，你会变得紧张、心烦意乱，甚至手足无措。

所以，准备好使用WAC模型，用每一个字母引导并提醒你，你将从容不迫地选择有助于有效地解决问题的语言。

下面，你将会看到WAC模型中每一个单独的部分，但在最后，我会把它们放在一起。

W：真正让你感到反感的因素是什么？

回答这个问题，它将会帮助你弄清楚自己的想法。

当你在问自己"为什么"的时候，你需要非常明确、具体地弄清楚问题的实质。无论你面对的是坐在旁边工位上的同事，抑或是你的兄弟姊妹，关于他（她）的行为或意见，究竟是什么让你难以忍受？然后分析：那个人确切地做了什么，或说了什么？然后仔细地描述它。

这里有一些建议，可以帮你明确困扰自己的问题所在：

1.具体而明确。

不要概括。避免使用类似"总是""从不"一类的绝对性语言。取而代之的是，要把那个行为与一个明确、具体的情况联系起来。比如：昨天，肖恩和我约会时，整整迟到了20分钟；娜塔莉违规停车，结果车被贴条了，而且，直到星期二她才支付了罚款；回到家，丹就把他带回来的报纸放在电视上面，也不把衣服挂进壁橱里；上周，奥莉薇娅没有回我的电话或短信……

2.不要给那个人的行为贴标签。

他为人很自私，或她从不替别人着想——这些都是被贴标签的例子。你需要换位思考："到底是什么困扰着我？"

3.那个人的行为是否已经对你造成了影响？

这并不意味着你可以说："我快被你折磨疯了"或"你对我也太吝啬了"。你需要明确那个人对你造成的影响，并且，这种评价是不带抨击和攻击性的。

W到底是什么

来参加我研讨会的人，都想要弄清事件背后隐藏的W，然而，对于他们来说，这并不是很轻易就能弄清楚的。

这里有两个例子，人们认为他们弄清楚了困扰自己的问题之所在，但最终却发现，自己的结论是错的。

案例1：艾米丽的情感问题

"对于我同事和她新男友在电话里谈话这件事，我是如此厌恶，这真让我抓狂。一天，她一直打了两个小时。我的结论是，她就像一个患了相思病的傻女人。"

错误分析：

在这个例子中，是什么困扰你？事实上，是针对个人，而不是明确的具体事件。艾米丽并没有紧跟着明确具体的行为，她只是做了一个判断。如果艾米丽把自己的想法如实地说给同事听，她的同事就可以反过来说："你凭什么说我害了相思病？我看你只是嫉妒我而已。"

案例2：亨利的困惑

"当我给销售部门做报告的时候，那位部门经理总是又说又笑，还动不动就开玩笑。我想告诉他，他的行为是粗俗的、不专业的，并给全体员工做了一个坏的榜样。"

错误分析：

因为亨利给经理的行为贴了标签，所以，他所想的也不是重要的。附加的、概括性的行为，将不利于正向地沟通。

困扰亨利的问题应该是："昨天，在做预算报告期间，我听到你在给汤姆讲笑话。这打断了我说话的思路，也是在暗示其他人——你对我的意见不感兴趣。"

回到个人的行为分析上，如此，你才能找到 W。

贴标签

关于那些给别人贴标签的情况，也时有所见。

如果你的兄弟借了你的车，当还回来时，油箱却是空的。那么，他看起来可能就像是一个没头脑的人。

这里的 W——即是什么困扰了你，是你的兄弟很自私，或是过于粗线条，丝毫不考虑别人的感受？在通常情况下，他可能会被认为是一个不通情理的蠢人。很可能，你认为这是不会错的，这是你的判断——你的兄弟是个自私的人。

然而，需指出的是，这种判断是有问题的。现在，你已经给他的行为贴上了消极的标签。你描述得并不全面——他究竟做了什么事情困扰着你。而且，从他的角度来看，或许，他对自己的行为有着不同的理解。

如果你当面对他说："你这样做显得很自私。"他就可以分辩说："不，我没那么自私。就上个月，我不是才刚给你修剪了草坪吗？"或找一些理由、借口来解释他的行为，并证明是你想错了。许多常见的家庭争论就是这样开始的。

对于以上类似的事件，我无法给你想要的"公平"。

当研讨班的学员向我抱怨某人的行为时，我问："真正困扰你的是什么？"通常情况下，他们总是很难描述清楚自己真正关心的内容。他们倾向于使用宽泛、笼统的词语来描述他人的行为。诸如"难以忍受的""讨厌的"或"不公平的"，是我经常能听到的形容词。通过这些标签化的词语，我得不到什么积极的信息——对于不同的人，他们对人对事总会有不同理解，而且，常常都是消极的。

一个人告诉我说："我的老板是个喜怒无常的家伙——当他对我不满的时候，就会给我脸色看。"另一个说："我的队友是个不负责任的人。"还有一个说："我的老板对我很不公平。"我告诉他们，我不能帮他们解决诸如"恶心的""不公平的""不负责任的"或其他任何与之类似的事情。不过，他们必须搞清楚真正困扰自己的到底是什么。所以，关于"不公平"老板的意见，实际上可以变成："我的老板同意了我的三个同事报名参加培训，却没有选择我。"这一下，问题就变得清晰了！如果这个人想要跟老板说明自己的困扰，就可以针对这件事情进行积极的沟通。

注意，这一点非常重要——W不是指责、控诉。描述对方的行为时，你不能带有主观色彩。如果另外一个人影响了你，你有权说明它，但没有权利去攻击或贬损那个人。想象一下，你对嫂子的吝啬感到心烦意乱，因为她从来没有举办过一次节日晚宴。下面，让我们来听听这两种说法的区别：

卡拉，你从来没有举办过一次节日晚餐。

卡拉，过去三年，都是在我家举办的节日晚宴。

如果你是卡拉，第一句陈述让你感觉如何？你很可能会反唇相讥、自我辩护，或感到十分尴尬。也许，卡拉真的以为，你喜欢在自己家里举办假日晚宴。如果你指责她，她就会立刻变得不舒服。

第二个陈述，换句话说，可以帮你们进行有效的正向沟通——你正在描述一个影响了你的情况，而没有指责，而是在陈述一个事实。你很可能会让卡拉认识到她的不足。

还有很多与之类似的例子：

你总是让我开车。
过去几个周末，当我们出去的时候，一直是我在开车。

我应该知道，你就是个大嘴婆，到处跟人说我的私事。
我听珍讲，你跟她说我和汤姆正在进行婚姻咨询。

请尽量不要用归纳性的语言，不要提过去的不满，坚持问那些具体、明确、直接的问题，保持你的W具体而简单。

为什么这种行为困扰了你？除了确定困扰你的具体行为是什么以外，还需要弄清楚，它为什么困扰了你。

那个人的行为对你造成了什么影响？这可能是弄清楚他（她）为什么会那么做的重要信息。

让我们回到卡拉的例子上来，你可以这样进行表述：

过去三年，每次举办节日晚宴都是在我家。（描述是什么让你感到不满。）
结果，大多数的准备工作和餐后清理工作都是我来负责。（它对你产生的影响。）

再来看这样一个例子：

Chapter 06 WAC 沟通模型

过去的几个周末,每当出去玩时,一直是我在开车。(描述是什么让你感到不满。)

我不能喝酒。(它对你产生的影响。)

当认真思考那种扰人的行为是如何影响你的时候,你可能会发现,或许,它根本就没影响到你。如果它没有影响你,那么,它确实不成问题。如果它不成问题,那么,为什么要对抗此前你认为"很讨厌"的那个人呢?

梅丽莎曾向我抱怨,弟媳妇从来不为她的弟弟做饭。

我问她,她的弟弟是否是因为生病了,所以不能自己做饭?

她说不是。

我说:"那好,这对你有什么影响?"

梅丽莎停顿了一下,然后说:"一点儿也没有。我想,这对我没有什么影响。"

瞧,何必为这样的事情操心费神呢?

爱丽丝抱怨说,她的男朋友什么事都不做。这不是我们所能操控的。

当我问她:"到底是你男友的什么行为困扰了你?"

她说:"他无所事事,一直在旁边自顾自地看书。"

然后我问:"这对你产生什么影响了吗?"

"是的,我正在为我们的旅行打包,而他只是看书。"

"你为他打包吗?"我问。

"没有。"

"那是他给自己打包吗?"

"是的,"她说,"但他总是等到最后一刻才行动。"

我又问:"这对你产生什么影响了吗?"

"没有,"她承认道,"我想,对于这件事的处理方式,我只是和他不同而已。"

或许，这对情侣还有很多其他的问题，但这个问题实际上已经解决了。

有时候，当你选择对一个人说一些事时，或许，仅仅是因为你确信他的行为是不恰当的。它们可能是这些情况：只要老板不在，一个同事就会提前下班；或你的邻居把车停在了公寓的前方，导致人们出行受阻。此时，你会想，她为什么不停在其他地方呢？

在这种形势下，你可能想说一些什么，因为在你心里已经形成了一些不好的看法。此时此刻，请坦诚地分析此类烦恼形成的原因。

正如我之前提到的，如果你想做到对自己诚实以对，并不是那么容易的，但通常来说，却是更好的选择。

如果非要编造一个理由来说明你为什么会心烦意乱，即使是为了不伤害另一个人，也可能会制造出另一个困扰。或许，另一个人就会借着这个借口做出回应。如果你告诉卡拉："我想，我的能力有限，假日晚宴可能没我想象的那么好。"就会给卡拉一个机会说："别担心，你做得很好！"

这不是你想从卡拉那里听到的。你想让她对你真正关心的问题做出回应——即她没有主动承担过主办假日晚餐的责任，而不是回应你编造的那个假的理由。

这就是为什么要确定你所真正关心的问题，并且要对自己以诚相待。相信我，这一点非常重要！

情绪表达

有时候，当另外一个人的行为对你的情感产生了影响时，我鼓励你在适当的时候把那些感情表达出来。比如：

我不喜欢你说我懒。（较少情感色彩的表达。）

当你说我懒时，让我很受伤。（更多情感色彩的表达。）

你说会给我打电话，但结果并没有。（较少情感色彩的表达。）

当你说会给我打电话但结果却没有打时，我非常担心。（更多情感色彩的表达。）

特定情境中的情绪表达

如果你正在跟一位和你大有关系的人进行WAC式沟通，可能就需要恰当地说明他（她）的行为对你产生的影响。通常，他（她）都会有所改变。

但如果是在职场上，这个人与你没有关系，或和你不是很亲密，你可能就会想让问题简单化——搞清楚是什么困扰了自己，并且不要在其中掺杂个人情感。

如果你决定要说出你的想法，那就不要为它们找借口，只需诚实地加以表达——在某些特定的场合尤其如此。

我告诉人们，如果你感觉有些事情真的影响到了你，并且处在特殊的情境中，对于那个人的行为对你产生的影响，你就有权告诉他（她）——谨记：保持简单，不要找借口。

不要提那些过去的事，比如："当你在别人面前批评我的工作时，让我感到很尴尬。因为当我还是个孩子的时候，我父亲常常这样对我。"

你只需要说："当你在别人面前批评我的工作时，让我感到很尴尬。"不需为此而压抑自己——你所描述的，恰恰是他（她）的行为对你造成的影响。

有礼、有力地说出你的看法

在高效的人际沟通中，对于选择什么样的语言，这一点是每个人都很关心的，对于交流的顺利进行也真的很有影响。对于如何选择及使用有礼、有力的语言，这里有一些重要的指导：

正向沟通：非暴力人际沟通技巧

1.写下你的W。

到底是什么困扰着你？请把原因写在纸上，这将帮助你迅速弄清问题的关键所在。在你实施WAC模型的时候，获得清楚的问题是非常重要的。因为当心烦意乱的时候，你可能会夸大事实，或显得防御性很强。

当你写下自己的真实想法，这个过程会让你慢下来，并静下心来思考，同时避免给人贴标签。与此同时，这也能让你改变、修正自己的语言表达。

记住，这个练习仅仅是为了你的个人利益，不是为了读给别人听的。

稍后，我会给大家一个简单的WAC案例表，你可以用它弄清楚自己的WAC语言。在第十一章中，我们还将讨论如何通过书写的方式合理地与他人交流——或是一封电子邮件、一条短信，或是一封传统的信函。

2.避免使用责备、控诉他人的句子。

比较下面的两句陈述：

你从来不告诉我任何事。

我需要你给我提供这些信息。

关于"我"的陈述，它通常是主张性的，是自信的表达。而关于"你"的陈述，它通常是攻击性的。

"你"的陈述常常流于责备、指摘，并且，都是概括性的表达。"我"的陈述则让你更加强调自我。

所以，请记住，"你"的陈述会让人处于防御状态。

请注意下列每个句子的差异：

你总是话里有话。（攻击性的话语。）

这些评论冒犯了我。（有礼、有力话语。）

你太激动了。（攻击性的话语。）

我希望咱们坐下来，冷静地讨论一下这个问题。（有礼、有力的话语。）

"你"的陈述总是伴随着负面的语言，它会使人处于防御状态，例如：

你忽略了你该干的家务活。

我的染发剂被你弄坏了。

你错过了最后期限。

这些陈述如何？它们充满了指责和不满。

请避免使用消极的词语，如：错过、忘记、忽略、错误、没有……它们会让人处于防御状态。既然如此，不妨试试转而使用这样的表述：

我想要你帮我把孩子放在床上。

这个颜色需要重新调整。

在最后的期限之前，我想要见到你。

正面的语言将会帮助你建立一个基调、一个氛围，以使对方能够接纳你的观点。

当人们听到"你失败了"或"你做错了"一类带有明显指责性的话语，就会立即关起自己的心门，并处于防御状态。而"我需要""我希望"等正向的表述性话语，则能够使人保持友好、坦诚的沟通。

3.当描述别人行为的时候，避免使用刺耳的（或贬义的）形容词。

虽然你想要弄明白别人困扰你的原因，但在感到"你的的确确在困扰我"

的时候，也不要使用"困扰"这个词。同时，要避免使用听起来很刺耳的形容词，像"恶心""懒惰""自私""厌恶"和"烦人"等。它们都会让对方处于防御的心理状态。而如果发生这种情况，就大大减少了正面沟通的可能性。

4.避免使用"总是""从不"和"很少"等夸大性（或概括性）词语。

这些词不利于坦诚沟通，对方会感觉受到了攻击或轻视——很明显，在积极、有效的沟通过程中，应该尽力避免使用这类词语。

5.当"你"的陈述必不可少时。

有时候，相对于指责，不如用"你"的陈述来表达自己想说的。

当没有其他替代方法——你需要用"你"去描述对方的行为时，只需确定它不会转化为一个负面的陈述即可。

例如：昨天，你出席会议时迟到了30分钟。

软化语句

当准备WAC式措辞的时候，用轻松的语句化解对方的防御心态，并让对方感到轻松自在，将能帮助你尽快弄清楚到底是什么困扰了你——这一类话语，就叫软化语句。

对于一场困难重重的对话，使用软化语句可以消除紧张的气氛，使对方放松下来，也可以让对方更容易倾听你的关切。

一些有效的软化语句的例子包括：

我肯定，你并不是有意的。
我确信，你不是这样认为的。
我能看出，这只是个疏忽。
约翰，我确信你没有恶意，但当你喊我"亲爱的"时，我感觉自己受到了冒犯。

找出正确的W

如你所知，有时，想要弄明白你的W是非常困难的。但随着时间的过去，它就会变得越来越容易。

通过一些练习之后，你只要问自己，是什么困扰着你，就能很快地找到自己的W。刚开始时，请不要着急，保持写出你的W，直到这一过程变成自然习惯。

要确保你的W是正确的，这需要你记住下面这些要点：

· 具体明确。只描述对方的行为，不要做判断。

· 不要贴标签或使用概括性的词语——不要使用"自私""从不替别人着想""总是"和"从来没有"等词语。

· 弄明白对方的行为对你到底造成了怎样的影响。

· 使用正面、积极的语言来表达你的W。如使用带"我"的句子进行陈述。

· 不要使用负面的或刺耳的词语，比如讨厌的、恼人的、愚蠢的等。

· 在适当的时候，用软化语句使对方放松下来。

A：你想要求对方做些什么，或改变什么

一旦你弄明白了自己的W，就是时候转移到A了。你想要求对方做什么？想让他怎样改变困扰你的情况？这就是WAC模型应用的第二步。

你不应该只是告诉别人是什么困扰了你，然后就走开了事。

比如，你想说："当你允许狗乱跑时，你知道吗？它竟然跑到我家院子里撒野！"

你不能假设对方将会知道是什么困扰了你。在进行一场困难的交谈之前，这就是你必须清楚地定义你的A的原因。

在陈述了 W 之后，接着，要说明你想让对方怎么做——"我想让你看住你的狗，不要再让它进入我的院子里。"

而这之前，你应该先弄清楚，困扰你的实质性问题是什么。

许多人曾跟我坦白，在他们兴奋地、积极地回应冲突的时候，却忘记或忽略了准备他们的 A。而如果在回击别人的时候，你不知道自己的 A，就将会让对方掌控整个谈话的主动权。更糟的是，问题也并没有得到解决。

首先，你的需要必须明确。像 W 用语一样，你也必须明确自己的 A。如果没有 A，你就可能得不到你想要的结果——你得到的可能只是对方以为的"你想要的"，或对方想做的。

明确地提出你想让对方做什么可能是困难的。有时候，或许，比明确 W 还要难。我们经常抱怨一个人的行为，但我们却并不总是知道自己想要什么样的结果。

明确提出你想要什么，将会帮助你弄清该向对方提出什么要求——而这没有所谓的错误或正确的方式。

让我们看一个例子：

一位经理没有给一位员工报名参加会议培训，而是让其他人参加了。在这种情况下，A 指的是"我也想参加培训"。但记住，要求要尽可能具体。在这种情况下，一个更好的 A 是："如果您能推荐我参加 7 月份的培训，我会十分感激您。"

如果你不说出自己的 A 是什么，你的经理就可能会提供一个不同的解决方案："对不起，报名已经结束，但你可以去参加营销会议。"

虽然这个结果也不错，但是，如果你很想要参加这次培训，因为它对你的职业发展非常重要呢？所以，你的 A 必须明确。

当然，培训班也可能已经满员，这样，你可能还是不能参加，但是，对于你想要争取的机会，还是应该争取到最后的。

当有所怀疑时，请等一下

如果你不知道该要求什么，那就不要去与人沟通。

有个出版公司的营销总监没有思考过她的A，然后，出现了这种情况："我和我的副手正在谈话时，我的一个下属走了进来并站在门口，这一状况影响到了我。"

她这样回应了她的下属。她的W是："当我和别人谈话时，你站在我的门口，这会使我分心。"

但她却从没有告诉那位员工她想要什么。要知道，有时候，人们可以推测出你的意图，但有时候却不能。

她从来没有给出A，而它应该是这样一类的句子："我希望你不要站在那里。请给我留一条短信或提示，以说明你为何要和我谈话。"

因为她没有给出自己的A，结果，那名员工便不再站在门口了，但却改为站在走廊上等待。

再看另一个例子：

夜晚，你的室友从外面回来后就开始听音乐，那乐声吵得你睡不成觉。

你的W是："你在很晚的时候放音乐，这会让我睡不着觉，而我第二天还要早早起床上班。"

你所说的很晚，具体是指什么时间？你可能会认为"很晚"指的是晚上十点钟，但你的室友却可能会认为是午夜十二点。

你的A应该更具体："在晚上10点之后，如果你不再播放音响，我会十分感激。"

把你的A写在纸上

就像写下W一样，你可以在纸上写下A，你将获得同样的益处——它将会帮助你弄清楚自己的想法。

开始的时候，你可以以这样的句式开头："我更希望……"或者"我想要……"等。甚至于一个简单的"请"字，也是一个很好的开场白。

和软化语句一样，这种类型的开场白将帮助你营造一种氛围，以使对方更愿意倾听你的想法。

根据你和对方的关系或谈话气氛，以及事态的严峻性，你可以选择非常直接或不那么直接的沟通方式。

当交谈非常直接时，对于自己想要的结果，你会表达得非常明确。比如："我想要"或"我不得不"。这种表达适用于上司与一位下属，或者对于你来说非常重要的事务性沟通。

你也可以不那么直接地表达自己的意愿，如："我想要"或"我更希望"。这种表达也适用于和一位下属或级别比你高的人之间的沟通。

你也可以选择十分委婉的表达方式，进而将你的陈述语句转化为疑问句。

如："请问，你能降低一下音量吗？"或"或许，你可以……"

如果你正在用WAC模型应对一个陌生人，或地位比你高的人时，就可以采用这个方法。

记住，是否应该直接地表达自己的意愿，你需要因地制宜地做决定。

不同程度的意愿表达方式

我想要。我不得不。（最直接。）

我想要。我更希望。（没那么直接。）

你可以？可以吗？（最不直接。）

表明立场VS提出要求

对于想要从对方那里得到什么，A强迫你使自己的思路变得更清晰。"要求"

表达了你想要的结果。"立场"则更有力且有着更多的意义——它是一个结果。

从提出"要求"到表明"立场",你千万不要粗心大意或草率行事。只有通过大量富有成效的交谈,才能达成一个共同的目的。而且,在你准备将沟通进行到底时,才能显示出你的立场,否则不如不要。

例如,假设你已经一再地要求室友不要在晚上大声地播放音乐。现在,你可能会说:

如果你不在晚上10点后播放音响,我会很感激。(要求)

如果你不在晚上10点后播放音响,我会很感激。但是,如果你无法做到这一点,我将会搬出去。(立场)

再来看另一个案例:

每个星期,请都去养老院看看妈妈。(要求)

每个星期,我希望你都能去养老院看看妈妈。但如果你不去,我会把她接到离我们更近的地方住。(立场)

提出可能的要求

当你提出自己想要的要求时,它必须是一些对方能做到,或可以答应你的。

你可以要求同事准时参加会议,但是,如果他已经被要求去参加了另外一个会议,而那个会议的结束时间又正好是你的会议的开始,那么,他可能就不能准时到达。

假设你正站在机场的售票柜台。你的航班已被取消了。这时,你告诉售票员:"我必须搭乘下一趟航班。"这没问题。但是,如果下一趟航班已经满员,你就不能搭乘了。如此一来,你就把自己置于了一个很大的矛盾中。

像确定W一样，随着时间的增长和练习，把A归零就会变得更容易。那些要点即使不一定非要写下来，你也会想到。

你将会迅速地问自己："我想要求对方做什么？"并当场搞清楚。

C：与对方核对

WAC模型的最后一个字母是C。当知道执行这一步骤非常容易时，你应该会感到高兴。但这最后一步却必不可少。

因为你只是沟通中的一端，正如一场沟通中至少需要两个人，那么，事情得以顺利解决也至少需要两个人。

你已经用一种清楚、直接的方式表述了你的W和A——是什么困扰了你，并且也已要求对方做了。现在，你需要和对方进一步交流，而代表着"核对"的C将促使其发生。

C常常是一个要求对方做出回应的问题。

要实现这一步骤，有一点很重要，那就是，对方已经听到了你的意愿，下面，你需要听到对方的想法或观点。

C允许你得到对方的回应，而且，或许对方也会有好主意。你的C可以是类似于问对方"好吗"这样简单的句子，其他的一些语句包括：

那样没问题吧？

你怎么想的？

那会发生吗？

当你的C过强时：有时候，当另一个人的行为是你无法接受的时候，在这些"没有进一步讨论可能"的情形下，或许，你的C就需要进一步增强、着重。

比如：

对于整件事我们双方都清楚了吗？

在这件事上，我可以信任你吗？

你明白了吗？

例如，假设你是一位女性，这天，你正在一位客户的办公室里，或正在和他一起在外就餐，然后，他突然开始摸你的腿——对你来说，这显然是种无法接受的行为。

你的WAC式反应可以是："当你摸我的腿的时候，我感到很不自在，我希望你立即停下来。我完全说清楚了吗？"

在另一个案例中，由于处于青春期的小女儿对体重的话题极为敏感，所以，乔安妮不得不告诉自己的阿姨，不要总是拿体重的话题嘲笑女儿，并且，在这件事上，乔安妮的立场十分坚定，也不打算向阿姨妥协——因为她感觉到，女儿的情绪十分不稳定。

所以，她深入思考之后，开始向阿姨坦陈自己的要求："我不想让您如此讥讽我女儿的体重，如果您以后还这样的话，我将不再带她来看您。您明白了吗？"

灵活使用WAC模型

不论在工作场所或是在家里，在你跟别人交流时话题突然被打断，其实这是很常见的，但这样无疑会给人们造成困扰。

让我们以此为例，灵活使用WAC式沟通技巧来面对此类问题。

W：是什么让你感到困扰？

当我没有机会说明自己的观点时，我就无法倾听你的观点。

我想，你已经注意到了，在我没有说完之前被打断话头，我不能顺畅地与你沟通。

A：你想要求对方做什么？

我尊重你有说话的权利，但是，如果你问我问题，我希望你能让我说完，在此之前，请不要打断我。

当我讲完之时，我会提示你的。

C：弄清楚自己要求的事情能否实现。

好吗？

你能做到吗？

下面，有更多关于如何巧用WAC语言的例子：

情境1：假设你已经告诉保姆，在晚上9点之前，她要让孩子们上床睡觉。但是，你却发现，她让他们一直玩到晚上11点才睡。

你可以选择这样的WAC语言：

W："我知道，你上次让孩子们玩到很晚才睡。结果，第二天他们看起来没精打采的。"

A："我想要他们在晚上9点前睡觉。"

C："你能这样做吗？"

情境2：一位女高管因为一位顾问在会议中发表了负面评论而感到心烦意

乱，于是，她写下了自己的WAC措辞，并将手稿递给我看：

W："你可能没有意识到，当你在其他人面前做负面评论时，这会影响到讨论的气氛。比如，你说自己无法完成这项调查。当你这样说的时候，其他人就会马上失去兴致。"

A："如果你私下里跟我提意见的话，我会很感激你。"

C："好吗？"

结果，在她这样对他说之后，那位顾问同意了她的意见，表明不会再在公开场合发表负面评论。

在生活中最常见的冲突中使用WAC

还记得我在第1章中提到的12种常见的冲突吗？以下，是我的学员们在解决这些冲突时所选择的WAC语言。这都是人们解决实际沟通困境时所用的语言，但并不意味着它们就是你面对棘手情况时的最终解决方案。但我相信，当你恰当地使用WAC语言时，它们一定能给予你很大的启示和帮助。

十二种最困扰人的行为

1.空间侵占者。

情境：坐在我旁边的那个同事，她每天花大量时间打电话，这严重影响了我。（她的社交生活比我重要。）

你的WAC语言：

"我们之间其实就没什么隐私。我能听到你电话中的大部分内容，我的情绪因此受到了极大影响。如果你打电话时能降低音量，我将会十分感激。可以吗？"

2. 讨厌的数码狂人。

情境：你和表姐一起吃晚饭时，她反复地查看自己的手机短信。

你的 WAC 语言：

"我喜欢和你待在一起，但是，用餐期间，当你不停地查看、回复短信时，我觉得你并不在乎坐在对面的我。你能把手机收起来吗？"

3. 无信用的人。

情境：我的室友借了我的衣服，用完之后，就把它们扔在了卫生间的地板上。

你的 WAC 语言：

"关于那些我借给你的衣服，我发现，它们都被丢在了卫生间的地板上。如果你能把它们挂起来或直接放进脏衣篮里，我是很乐意再借给你的。从现在开始，你能那样做吗？"

4. 喋喋不休的抱怨者。

情境：我有一个朋友，她经常通过打电话或发短信的形式向我发牢骚，我和她之间似乎只有负面的交流，这一点让我很讨厌。

你的 WAC 语言：

"朱莉，过去几个月中，当我们交谈时，对于生活中遇到的人和事，你的看法一直很消极。这让人很难听下去，并且令我感到很扫兴。如果你愿意谈论一些好的事情，我会十分感激。你愿意试一下吗？"

5. 插话达人。

情境：下班后，我经常和大学的朋友们一起喝酒。我喜欢聚在一起，但是，我感觉自己每次一句话还没说完就会被打断——我几乎不能完整地说完一句话。

你的 WAC 语言：

"当大伙相聚时，我知道每个人都很激动，但是，我真心希望自己能完完整整地发表意见，然后其他人再开始说话，而不是时时被打断。我们能这样尝试一下吗？"

6.冷面评论者。

情境：一位同事经常用下流的语言评论人，而他认为自己在做有趣的事。并且，他也不明白别人的暗示。我很不喜欢他的这种行为。

你的WAC语言：

"你的笑话让我很不舒服，我也不认为它们有趣。如果你不再跟我说那些低级笑话，我会感激的。你能做到吗？"

7.偷懒者。

情境：在团队中，有一位成员没有做她分内的工作。

你的WAC语言：

"或许你没有意识到，但现在，你应该做的那部分工作，却必须由我来完成。我知道大家都很忙，但以后，我要求你在截止日期前必须完成自己的工作。你会那样做吗？"

8.漠视请求者。

情境：邻居的狗们挣脱了链子后乱跑，并且，还跑到了我的草地上。对此，我甚至还立了一个牌子："狗勿入。"这件事真的让我心烦意乱！

你的WAC语言：

"我不知道你是否意识到这件事——你的狗跑进了我的院子里，并在那儿随意活动。它们走后，我不得不去清理满地的狼藉，这一点让我非常恼火！请你采取必要的防范措施，这样以后就不会再发生类似的事了。可以吗？"

9.烦人的提要求者。

情境：我的一个好友参与了一项活动，并想让我也加入。虽然我对此完全没有兴趣，但是，她却一直邀请我，让我不胜其扰。

你的WAC措辞：

"对于我是否参加这项活动，这件事我们已经讨论过多次了，我也说过很多次我不感兴趣——这件事已经开始影响到我们的友谊。如果你能停止讨论这件事，我会感激你。对你来说，这没问题吧？"

10. 社交媒体狂热分子。

情境：一位和我同在一个读书会的女性，她在Facebook和其他网站上贴出了我的照片。我不喜欢人们做这样的事。

你的WAC措辞：

"我知道，或许你并不认为这是一件大事。但是，未经我的许可就把我的照片放在Facebook上令我感到很不舒服。请你今天务必把它删除掉。可以吗？"

11. 假期搅扰者。

情境：在假期期间，我妻子总喜欢拉着我去其他城市观光，而我则想去野营。

你的WAC措辞：

"我们的前四个假期都是由你做的计划。你我度假时玩得很开心，但是，我却错过了野营。今年，我想由我来做我们的假期计划，并且将野营这一项包括进去。你认为怎么样？"

12. 不修边幅者。

情境：我的同事涂了很多剃须水，以至于当我经过他旁边时，眼睛会被熏得充满泪水。

你的WAC措辞：

"我似乎对你的剃须水过敏。和你在一起待了几分钟后，我就感觉头闷闷的，鼻涕也开始流出来。今后请不要过多地使用它。你可以那样做吗？"

更多的WAC技巧

情境：在听完我家的语音消息之后，我妻子经常不保存，就算保存了，也常常忘了告诉我。

Chapter 06 WAC 沟通模型

WAC 措辞：

"亲爱的，那些跟我有关的电话录音，当我没收到的时候，我就不能给人回复，这让我看起来不负责任也没有礼貌。我真的很需要保留这些信息。你以后能保存它们吗？"

情境： 我的丈夫很晚才回家，也没有事先给我打电话。

WAC 措辞：

"当我在半夜醒来时，因为不知道你在哪儿，头脑中就会出现乱七八糟的想法。所以，从现在起，如果你以后回来晚了，请给我打电话。可以吗？"

情境： 我的一位同事老是习惯性地约我见面，但是，他要么迟到，要么根本就不来。

WAC 措辞：

"当我们已经约好见面后，我便为你留出了时间。然后，当你没来或迟到时，就会打乱我的时间安排。请你以后能守时，或者，如果你晚到的话，也请提前通知我，这样，我就能重新安排自己的时间。可以吗？"

情境： 一位同事在我背后跟其他同事说我的坏话，而我又不得不和他一起工作。

WAC 措辞：

"我已获悉了有关于我的负面评价。如果你对我有任何意见，我更希望你直截了当地告诉我。你能那样做吗？"

情境： 我男朋友经常一边开车一边发短信。

正向沟通：非暴力人际沟通技巧

> **WAC措辞：**
>
> "当你边开车边发短信时，我真的很害怕。昨天，你差点就撞到了一辆车。不论你是否和我在一起，请你都别再那样做。请你向我保证。"

WAC的使用

WAC并不是一个死板的模型。你会发现，当你选择使用WAC语言时，你能快速找到你的W和A，这就会让事情的解决变得更加容易。

不过，或许有几次，你只使用了WAC模型的个别部分，那是因为那就足够了，这种情况的出现也是完全有可能的。

只使用W的情况

有时候，仅仅表达出你的不满，就足以向对方传递出自己的观点了。

比如："当我没有接到你的电话时，我会很担心。"

这可能是你要说的全部——你无须要求对方做任何事情，对方就会理解是什么困扰了你，以及对于这种情况该如何修正自己的行为。

只使用A的情况

有时候，只要说明你想要什么，就足够了。

比如："在借我的电动工具之前，请你告诉我一声。"

你不需要进行所有的说明。在这种情况下，W是很明显的，仅仅使用A就能帮助你应对当时的情形。

这种情况下，可以快速地问自己："我想要求什么？"

例如：

· 如果某个人没有按时参加你的会议，这个W是十分清楚的。你想让那个人以后怎么做？——"我需要你最迟在10：05到达会议室。"

·在你的工作中，如果你没有被告知需要优先考虑的部分时，你想让经理怎么做？——"当我从你那里得到一份任务时，我还需要了解它需要优先考虑的部分。"

·帕特里西亚是一位制造业高级研究员。在美国，她与自己欧洲的同事们举行了一个会议。为此，她请了一位专利代理人来帮助自己。当他在讲话中提到她时，总会称她为"亲爱的"，听到这个昵称，与会的一位欧洲人笑了起来。她觉得，自己必须立即做些什么。于是，她简单而平静地说出了她的Ａ："汤姆，我不想再被你称为'亲爱的'。"

如果不使用WAC

在本章中，我所举的例子可能看起来很简单。但是，一天天过去了，对于我们中的一些人，当再次碰到类似的情况时，他们却并没有什么进步。

我们总是倾向于认为，自己的问题是例外的情况。有时候，或许，的确如此。但是，我每周却都会听到相似的故事。

事实上，对于相同的冲突，我们都需要做一些权宜性的变化。有时候，不使用有礼有力的方法来面对一个冲突，结果极可能陷入困境。

一位女士曾跟我说，她的同事安德莉亚不停地抱怨说，经理给她安排的工作比同部门的其他员工多。然后，她也没有去向他反应。因此，她变得愈加沮丧，以至于最后她辞职并离开了公司。

她离开了一份好的工作，以及一家很好的公司——因为她不知道该如何恰当地与她的上司沟通。

两个WAC练习助手

在我的培训班上，我给人们提供了WAC工作表格。

正如我在前面提到的，当你刚开始使用正向沟通技巧时，可以写下自己的话语，这能帮助你弄清楚该说什么。

之所以创造这个工作表，是因为许多人需要额外的帮助——首先确定对方困扰你的行为是什么，然后弄明白他们的需求是什么。

1. 分析形势。

这一步位于表格的顶部。

它可以帮助你弄清楚真正困扰你的是什么。你现在不需要想你该说什么，而是应努力地弄明白形势。

正如我之前说的，这并不总是如我们快速做决定那么容易——一味地抱怨"我的同事不尊重我"或"我的老板是个蠢货"等，是起不了任何效果的。

那意味着什么？那意味着在这表格的上面，你将想记下的仅仅是关键性的话语——具体的、明确的、专注于行为的话语。这样，你就不太可能变得情绪化。

2. 准备你的措辞。

这一步位于表格底部。

现在，你正在创建自己想说的话。用来自表格顶部的信息，将之用在表格下面的空间里，然后组织好你的语言。

正如我说过的，写下语句能够帮你弄明白想说什么，并鼓励你保持话语的清晰度以及简洁性。

一旦把词语填进了表格的底部，你就准备好了WAC应对语言。当然，你肯定不想向人们读那些话。但是，通过练习，你会清楚地知道自己想说什么。最终，你的语言将会表现得更加自然、有力。

下文展示了怎样用工作表格去准备WAC措辞，并用它来应对一位"问题一发生就找老板"的同事。

当你开始写下自己的想法时，就能很容易地在计算机上创造一个工作表。

重要的是，去打开你的电脑，或找一支铅笔和一张纸，开始写下你的感受和应对语言。

WAC卡片

我的研讨会的学员们还会收到一张WAC卡片，他们可以放在自己的桌子上、钱包里或公文包里。

当他们正在获取正向沟通的经验时，这张小卡片可以帮助他们组织自己的WAC措辞。

一位客户代表告诉我，他在外套口袋里携带了提示卡——知道它在那里，就能阻止他乱发脾气。

用WAC模式进行沟通

W = 是什么困扰了我？

A = 我想要求对方做什么或改变什么？

C = 与对方核对。

你不一定非要参加我的研讨班才能获得卡片——只需拥有一张你独有的引导性卡片即可。

一位人力资源总监在读了这本书之后告诉我，她把WAC步骤写在一张便利贴上，放在自己的抽屉里——她用这种做"小抄"的方法，帮助自己和一位同事进行了一次融洽的沟通。

你练习WAC的次数越多，就将能更好地分析形势。

欢迎来到正向沟通的世界！

正向沟通：非暴力人际沟通技巧

WAC沟通工作卡

不要攻击，WAC将会帮你为一个正向的沟通做准备。

形势分析		
W 是什么 真正困扰你的是什么？ 确定问题。	A 要求 你想要求对方做什么或改变什么？	
你的语言准备		
W 是什么 我将如何向对方表达：	A 要求 我将如何向对方表达：	C 核对 我将如何向对方表达：

110

WAC 沟通工作卡

不要攻击，WAC 将会帮你为一个正向的沟通做准备。

形势分析		
W **是什么** 真正困扰你是什么？ 确定问题。 ——关于我们的问题去找老板。 ——沮丧。	**A** **要求** 你想要求对方做什么或改变什么？ ——先来找我。	
你的语言准备		
W **是什么** 我将如何向对方表达： ——你可能没有意识到，当你去找老板讨论我们的问题时，为我们俩制造了更多的麻烦。这真令人沮丧。	**A** **要求** 我将如何向对方表达： ——请先来找我，这样我们可以找出我们之间的差异。	**C** **核对** 我将如何向对方表达： ——可以吗？

Chapter 07

避开那些"有害的语言"

现在，WAC帮助你掌握了清晰、准确的语言逻辑，你可以自信地应对每一次困难的谈话了。

是的，对一个正向沟通者来说，语言技巧起着决定性的作用。然而，除了你说什么外，你怎样说也一样重要。

你对语言的正确使用，也是有礼、有力的语言模式的一个重要组成部分。要知道，当你和某个人正进行一场艰难的谈话时，你肯定也不想让任何"有害的语言"妨碍谈话吧。

自我贬损式语言

对于那些刚开始使用正向沟通技巧的新人而言，避免使用自我贬损式语言是很关键的。

自我贬损式的词或句子无疑会削弱你的正当性，从而对你的意图产生强大的破坏作用。如果你用语言自我贬损了自己，就会很容易让对方也如此对你。

在我的研讨班里，当学员们在问问题或发表意见时，对于他们使用自我贬损的词和句子的次数，我做过一个统计，结果高得令人吃惊。

如果你也经常使用自我贬损式的语言，这将是你迫切需要改变的。否则，你将永远不能真正地掌握有礼、有力的沟通方式。

以下是需要注意的自我贬损式语言误区：

软弱无力的语言

这些是自我贬损的词和短语的例子：我想、我希望、可能、有一点、可以说是、也许……

在研讨会上，我常使用下面的句子来说明我的意图：

"我希望这对你可能是有价值的信息。"

那么，我是相信还是不相信这是有价值的信息呢？是的，我相信！

其实，还有一个更好的、不带自我贬损意味的语言表达："我确信，你必将发现这些信息带给你的价值！"

一位学员（一位聪明的高级经理）说："我不知道我现在说的是否正确，这仅仅是我的想法……"（我也不知道那是否正确。）

我曾听销售代表对潜在客户说："这样的话，我想，我将会做这件事。"（你是会做还是不会做？）

一位销售员试图卖给我一部新款智能手机，他这样说："拥有一款这样的手机是非常方便的，它能帮你拍出更好的照片。"

我想的是："它到底是方便还是不方便，我到底想用手机干些什么呢？是为了拍照用吗？"无论怎样，我都不想采纳软弱无力的建议。

"我认为" VS "我知道"

"我认为"的过度使用，是另一种自我贬损的说话方式。如果你真的知道一些事，就不要总说："我认为……"

正向沟通：非暴力人际沟通技巧

自我贬损的语言	
自我贬损	有礼有力
"所以，我想我将会做这件事。"	"我打算从今天开始着手处理。"
"我真希望，你能看看所有的包装袋……"	"看看所有的包装袋。你将会发现它如何降低了你的成本。"
"也许，我们能够找到一个你的问题的解决方案。"	"我深信，我们可以找到一个你的顾虑的解决方案。"
"我在想，我们应该从这里开始。"	"让我们从这里开始。"
"我真希望也许你可以再发一次那个数据。"	"请再发一次那个数据。"
"也许我们应该换个地方。"	"我想换一家餐厅。"

一次，当我儿子要求去一位朋友家里玩时，我说："我想是可以的。"

他回答道："妈妈，你是认为可以还是你确信可以？"

我说："我确信可以。"

这就是强有力的回答。

"对不起，我不能道歉"

通常，当人们不需要说"对不起"的时候，他们却说了"对不起"。

一位医药销售代表对一名医生说："看到你很忙，今天来打扰你，我感到很抱歉。"

医生问她，为什么认为她正在打扰他。接着医生说："你就不能提供给我什么有价值的信息吗？"

不要总说"对不起"，除非你遇到的情况具备下面的条件：

1.你想道歉。

2.的确是你的责任,你有一些事情需要道歉。比如,你洒了东西,或者你绊倒了某个人……

自我贬损式的WAC开场白

不要使用道歉或不确定性的语言作为WAC措辞的开场白。

与人交往要有礼貌,但礼貌并不意味着你应该贬损你的W或A。如果你开始就说:"我讨厌提起这个。"那么,对方很可能会想:"那你为什么还要提?"

以下,是一些力度较弱的WAC开场白:

较弱的WAC开场白	
你说……	对方很可能认为……
"我知道你最近不顺心。"	"的确是,所以不要让它变得更糟。"
"可能你会觉得我太情绪化了。"	"噢,她变得情绪化了。"
"我跟你之间出现了一点问题。"	"说重点。"
"我不想伤害你的感情,但是……"	"我也不希望你伤害他们。"
"我可能错了。"	"你说得对,你错了。"
"我对此不太确定。"	"我也是。"
"这可能是一个愚蠢的想法。"	"很可能是。"

开场不错,但结尾糟糕的WAC

你也不想自己的WAC措辞有一个软绵绵的结尾吧。

我曾看到这种情况一而再地发生,即人们本想给出一个清楚、明确的陈述,却在结尾时因画蛇添足而功亏一篑。

如："我不知道"或"天哪，你怎么想的"等，这类吞吞吐吐的语句无疑会大大降低你的表达力度。

"我不知道"（其实你知道！）

我们知道，女性以使用自我贬损类的语言出名。

关于这个问题，黛博拉给我们提供了一个非常有说服力的证明。她清楚地知道她在讲什么，但是，在结束谈话前，她停了一下，然后说："嗯，我不知道……"其实她是知道的。因为她之前说得很好，并使人觉得她的见解很完美。然而，她甚至都不知道自己的表述很吸引人。知道人们的看法后，她被震惊到了。

我曾经和一组女性医生谈论过这种自我贬损的倾向。

一位经验丰富的女医生承认她不使用"我不知道"这样的句子，但是，她意识到，她在句子的结尾增加了一些其他的内容。如，当教导实习生时，她会说明一个复杂的过程，然后，在论述的结尾加上："哦，老天，但我知道些什么？"

她的实习医生们就可能会想："好吧，既然是你在教导我们，希望你真的知道些什么！"虽然她的知识面广并且有经验，但当她说这话时，就好像是她在告诉他们："我不相信我自己的观点或知识。"

为什么尤其是女性会有这种习惯呢？可能有许多原因，而其中许多都是性别角色的原因。虽然如此，让我们不要分心在关于这个点的原因上。你需要做的是——意识到你是否有这个习惯，如果有，迅速改正它。

WAC中的C不也常常是个问句吗

WAC模式中的C的确常常是个问句，但是，它不是一个不确定的、自我贬损的问句。这是它们的区别：

"阿曼达，你把吃剩下的食物长期放在冰箱里，这样整个餐厅都闻得到。请每隔两三天清理一下它们。你愿意这样做吗？"

于是，阿曼达将不得不回复你"愿意"或"不愿意"。

而如果你这样说："阿曼达，当你把吃剩的食物长期放在冰箱里时，整个厨房都闻得到。请每隔两三天清理一下它们。你认为怎么样？"阿曼达可能会对你的话忽略而过，因为你的语义并不明确，她也可以选择不听。

在生活中，这类优柔寡断的语句也可能会使另一个人无所适从：

"我们将去那儿，是吗？"

"不。"

"但是我必须去那儿！"

"如果你已经做了决定，那为什么问我？"

"喔……你知道……我不知道！让我们走吧。"

其他语言问题

自我贬损的语言并不是唯一妨碍人们顺畅沟通的问题，还有大量其他问题也需要注意。

责骂性语言

我被带到一家公司对一位高级主管进行培训，在每周的例会中，他都会责骂员工。

在这45分钟的会议期间，办公室里的行政助理不会回任何人的电话，因为主管的责骂声会被对方听到。

在工作场所或其他任何地方，责骂别人都是不太适合的。但是，人们却常常这样做。

当人们受挫时，往往不知道该如何表达自己，所以，他们会优先选取容易使用且容易理解的言辞予以反击——那就是无礼的话语。

我不是一个完美的人,但我知道破口大骂对一个人的职业及个人形象有多么糟糕的影响!在工作中喜欢骂人的人,往往还没得到升职就被解雇了。

而就个人生活而言,我不知道有谁喜欢被人责骂。你说呢?

无意义的语言

你是否曾听过一次演讲,演讲者重复使用无意义的词语,比如:"嗯、像、好吗、对吗……"这会使观众不知所云,你甚至渴望有人把这样的演讲者从台上拉下去。

任何字或词的重复使用,都会打断演讲的内容并打扰听者。因为人们会在无意义的词上投入更多的注意力,而不是演讲者所说的内容。

"你"代替"我"的陈述

大声读出下列句子,看看有什么不同:

"你"vs"我"的陈述	
"你"	"我"
"你错了。"	"我不同意。"
"你没有正确地解释它。"	"我没有理解。"
"你总是迟到。"	"我需要你准时到达。"
"你和我顶嘴。"	"我需要你在团队面前尊重我。"
"你没有告诉我。"	"我不知道。"
"你坐在了我的位子上。"	"我的座位号也是6C。"
"你在侮辱我。"	"我感觉受到了侮辱。"

哇！多么大的区别啊！

核对下自己。以确保你在使用"我"而不是"你"的陈述。在与别人对峙之前，这也是写下你的WAC语言的另一个理由。

性别歧视性语言

一般人都喜欢称女性为"女孩"。

你可能会问，用"女孩"来称呼身边的女性，这不是很正常吗？有什么大不了的？然而，如果你是那个"女孩"，就能明白了。

我曾听说许多类似这样的事例：

一位女士临时在一家出版公司工作。这个部门的总编对她说——要做一个好女孩，并让她为他冲杯咖啡。她被激怒了！于是，她彬彬有礼地告诉总编，替人冲咖啡并不是她工作的一部分。

其他潜在的、令人反感的、含性别歧视倾向的词语包括：甜心、小姑娘、亲爱的、宝贝儿，等等。

我曾听说过一个关于一位送货司机的有趣故事。

在一间办公室里，那位司机习惯性地跟在前台忙碌的四位女性打招呼："你们好啊，辣妈们。"

其中一位女性不喜欢被他这样叫，所以，她使用WAC语言对他说："当你叫我'辣妈'时，我感觉被冒犯了。请不要叫我'辣妈'，不管我是或不是。"

下一次，这位司机进入这个办公室时说："嘿，辣妈们。"然后，他指着之前提醒过自己的那位女性说："嗯，不包括你。"

语法和措辞问题

我曾在培训课上告诉学员们，他们所使用的语法，可能使他们的语言听起来很粗糙——完全体现不出他们的聪明劲儿——这是真的。

如果你的语法不好，那就尽最大努力弄清楚它。有许多好的书籍、网站和app等，都可以用来快速提升这一基本技能。

我鼓励你提高语法知识的原因，在下面例子中表现得尤其明显。

比如，你对上司说："我们的时间很紧迫，我不需要也不用被提醒。"

哦，你可能知道，你们已经处在了最后期限，但不幸的是，你的信息表达有些无礼。

你应该说："我们的时间很紧迫，我已经意识到了这一点，谢谢提醒。"

用词含糊不清

一位看起来非常专业、非常有能力的会计向我抱怨说，对于他说的话，别人没有认真聆听。听完他说的，我感觉自己知道了原因。

他用词混乱，表达得让人费解。当应该说"go ahead（前进）"两个词的时候，他说"gahead"。而应该说"I don't know（我不知道）"三个词的时候，他说"I dunno"。

他在表达自己的语言时，口齿不清，语义含糊。这使人听起来十分吃力，理解起来也自然困难多了。

在这里，我分享一段自己曾经的经历。

当我开始工作时，我被送去进行演讲培训。在见到了教练后，她说"开始讲"，然后，我开始进行了一段演讲。

几分钟后，她让我停了下来，她问我："你来自东海岸，是吗，芭芭拉？"

我不敢问她怎么知道的。

她说："你看起来很棒，但是，当你说'gotta（必须）'和'gonna（将要）'这两个词时，需要改变。你把这两个单词用混淆了，这样听起来很不好。"

虽然，当时我感觉她的指责伤害了我的自尊，但事实是——她是对的。在一场演讲中，当听众听到"gonna（正确发音应该是'going to'）"和"gotta（正确发音应该是'need to')"这样的词时，确实很糟糕。

许多人告诉我说，他们会对那些说话含糊不清的人做负面的评断。

这可能并不公平。

虽然我不能修正那种不公平的情况，但是，我希望我能激励你改变自己的措辞。

还有，对于确定你的措辞习惯不太好，那么，不妨听听自己的语音信箱，或者给自己录音，这些都是修正自己的咬字、发音习惯的好方法。

然后，清晰、缓慢地练习讲话。

如果你想尽快提高咬字、发音的清晰度，你也可以尝试背诵绕口令。

地域性的语言

一个国家的不同地区都有各自不同的特质。不论在语言习惯上，还是在发音、用语上。

当你使用方言的时候，在措辞方面看起来可能无关紧要，但是，正如我已经指出来的，这类话语会逐渐削弱你的WAC语言的效果，甚至于你的个人形象。

记住，乡亲们可能不会注意到，但是，如果你说话的对象来自其他城市呢？他们就会注意到你的不同，并可能因发现你的方言混淆在里面而受到干扰，或者他们对于理解你说的内容会感到很困难。

深奥的语言

如果你不能用简单的语言去解释某件事，就说明你还没有完全理解它。

——阿尔伯特·爱因斯坦

在读大学时，有一个教授令我印象深刻——每次当我们使用了他认为不必要的深奥词语时，他就会指责我们。

我想，他是个有点怪的人，直到我工作之后，才改变了这一想法。

我并不是在说，你不需要丰富的词汇储备。但是，使用对方不熟悉的词语，可能会给对方造成困惑，或是让对方感到你是想使他（她）出丑，或两个都有。

这不是有礼的，也不是有力的沟通用语。

坚持使用礼貌用语

如果是因为我也教授商业礼仪，你认为我是一个礼貌用语的推动者，你说对了。而其中的一个原因是，我喜欢我的工作，所以，我也写过一本关于我经常看到的日常小事的书。这类小事很琐碎，比如，"你能想起我，让我很感激""不客气，欢迎再来"，甚至"早上好"等能影响人们回应方式的言语。

实际上，要弄清楚你日常使用的语汇、音调、语气，以及你的语言习惯，最好听一下电话录音。当你发现自己犯了上文提到的错误时，写下它，并常常检讨自己。

Chapter 08

不可忽视的身体语言

正向沟通：非暴力人际沟通技巧

你是否见过这样的人：

- 同意做某事的同时，他（她）摇头表示不同意。
- 当告诉别人一些负面消息的时候，他（她）却面露微笑。
- 发言的时候，他（她）的身子不停地前后晃动。
- 与人会面时，视线从未离开过他（她）的手机。

以上这些现象都说明，人们的非语言表达与语言传达的内容不一致，当它们不一致时，你就遇到了麻烦，尤其当你与别人交流不畅时。

在讲座上，我是这样说明的：

"我真的很高兴能在这里。"然后，我手臂交叉，俯视着学员们，同时皱着眉头。无论是谁都能看出——我的情绪并不高昂。然后，我拿出手机，并假装给人发短信。这一次，他们得到的信息是，比起他们，我对我的手机更感兴趣。

这类非语言行为包括你身体语言、声音，甚至外表。我将分别说明它们是如何对你的沟通产生正面或负面影响的。

许多人都不知道该如何展现自己的身体语言。

身体语言是一种习惯。有时候，我们无意识中做的一些动作，别人很可能会认为是粗鲁或不文明的。

有时候，我们无意识中做的一些动作，会令我们显得胆小、羞怯或没头脑。

你可能认为自己的表现无可指摘,然而,实际上却不是那样。

你可能只是正确地传达了语言信息的部分,但是,对于一个成功的沟通,只有有力的WAC措辞表达是远远不够的。

为了能有一个正向的沟通效果,你必须使人觉得——你的口头语言和身体语言都是有礼、有力的。

你是哪种类型的非语言传达者

在研讨班上,参加者们多次对自己的非语言技能做过自我评价。令人惊讶的是,人们对自己的评价都非常高。

我告诉他们:"这只是你们的自我评价。别人眼中看到的你与你眼中的自己可能是大为不同的——你一定要明白这一点。"

当然,每个人都认为,我说的是其他人,而非自己。

因此,有人拼命地驳斥我——因为在别人看来,他们是粗鲁、消极、冷漠,甚至怀有敌意的。

这些人此前不知道自己的非语言行为是怎样的,所以,他们一时之间真的很难相信。比如,一个爱用拳头砸墙的男士告诉我,他那样做是想严格地控制自己。

还有一位女性,她在练习自己的WAC语言时,发出的声音特别大,以至于我不得不向后退。

对于这些人,我要说的是:"不要告诉我你没有做这些事,在得到别人的反馈后,你怎么改变自己才是最重要的。"

我们都会犯错误

事实上,即使我每天都在教授这些技巧,也免不了会犯错。

当我站在学员的面前时,我知道自己的哪些肢体语言是适合的。但是,在怀孕期间，当我站在学员面前时，我发现，我会不自觉地抚摸自己的腹部——我不知道自己正在那样做，直到一些学员告诉我这一点——对于他们真诚的回馈，我报以由衷的感激。

针对下面的测试做一份自我评价，看看你是怎样评价自己的：

非语言行为

	是	不是	不知道
当和人们讲话的时候，我会看着对方的眼睛。			
我的面部表情与我的语言是一致的。			
当讲话的时候，我不会用手指着别人。			
我讲话的声音足够大，是为了让别人可以听到。			
在说完一句话的时候，我不会傻笑。			
当和别人谈话的时候，我不会用手玩自己的头发、领带、胡子或首饰；我不会打响指、摆弄手机，或把玩口袋里的零钱。			
站立的时候，我不会倾斜着身体或左右摇摆。			
当和别人讲话的时候，我知道保持适当的距离。			
我能意识到我所比划的手势的意思。			
我会全神贯注地与对方面谈，而不会通过电脑或者发短信与人交流。			

对于以上这些问题，如果你大多都回答"是"，那么，显然，你已经意识到且可以控制自己的非语言行为。

但是，我仍然希望你关注自己的非语言行为，并再次确认它。你甚至可以请一位值得信任的朋友或同事对你进行开诚布公的评价。

对于以上这些问题，如果你大多都回答"不是"，那么，你就需要特别注意我的建议，并努力提高你的非语言交流能力。

再次说明一点，这个自我评价背后的意义，并不是让你感觉良好或感觉糟糕。我只是单纯地希望你能意识到——你的非语言行为方式会影响你与他人的沟通效果。

你展现出一个形象，别人便会感知到那个形象。你不能控制别人是怎样感知你的，但是，你能控制自己向别人展现了什么——尽管听起来这是一个让人很难接受的观点。

如果你的非语言技能非常糟糕，那么，在社交生活中，你肯定会遇到种种阻碍，包括正向沟通的能力。

假设，你正和邻居一起处理一个发生在你们之间的问题，而你的WAC措辞是：

W："你可能没有意识到，你家的污水管道漏水，水已经漫到了我家的车道前面，而且还结了冰，这样很危险，我都滑倒了好几次了。"（是什么打扰了你。）

A："请及时修补好污水管道，并确保不再漏水。"（你想让对方做什么。）

C："可以吗？"（确定对方是否愿意按你的意思做。）

这就是有礼、有力的语言。但是，如果在说这些话的时候，你不时低头看自己的鞋子，那会有怎么样的效果呢？或者，你对着邻居大喊大叫或者一言不合拳脚相向，又会是怎样的结果呢？

你的语言可能已经是有礼、有力的。但是，如果在其他方面你表现得心不在焉，或者过于激动，那么，这个差异就可能影响到谈话的结果。

正如我前面提到的，人们会优先选择相信你的非语言信息，而不是你的语言信息。一些小细节——你的姿势、眼神、手势等，看起来无足轻重，但是，当叠加在一起的时候，它们就会营造出一个积极的或负面的印象——或对你有利，或对你不利。

当然，你希望它们是对你有利的。正如好莱坞著名影星乔治·克鲁尼所说的："一个讨人喜欢的印象是由500个小细节加在一起得来的。"

最令人反感的十种身体语言

1. 用手指指着别人。
2. 讲话的时候舔嘴唇。
3. 拧手指。
4. 摇摆倾斜。
5. 面部表情严苛无情。
6. 使用太多的手势，或用手叉腰地站着。
7. 挥拳头。
8. 用脚打拍子，或坐下的时候不停地抖腿。
9. 死死地盯着对方看，或彼此的眼神交流很少。
10. 把玩口袋里的零钱或手头的小玩意儿。

身体语言的基本技能

关于身体语言，我曾有一个颇有启发性的经历。当时，我坐在母亲的起居室里和她谈话。她提出了一个令人不舒服的话题。我屈膝坐着，并抓了一个抱枕放在胸前，然后，又戴上了我的太阳镜。

我完全没有意识到自己所做的这些动作。然后，母亲问我："你不舒服吗？"这时，我才注意到，我已经把自己缩成了一个球，并想努力隐藏自己。

然后，我们都笑了——我的身体语言所表达的抗拒之意是多么的明显啊。

——凯瑟琳，研讨班成员

当处在一个不舒服的情况里时，注意你的肢体语言是非常有必要的。例如，在一个自己非常期待的鸡尾酒会上，威廉却无精打采地站在角落里，看起来兴致缺缺。当没有人走近他时，他便拿出自己的手机玩。

他的肢体行为无疑是在说："我不想来这里。"

后来，一个朋友走上前说："为什么你待在这里的样子看起来很痛苦？你是在告诉人们都避开你。"

对于朋友的评价，他感到非常吃惊，他其实并没那么想！

姿势

当面临一个困难的谈话时，你站立的方式会展现许多信息。你的身体语言是否传达了一个自信的形象——你是一个有礼、有力的人，或者不是？

为了给一家新开的诊所做广告，一个杂志广告挑选了两名"医生代言人"。

在广告画中，一位男性医生带着坚定、果决的神情站着，双脚略为分开，看起来充满了自信。那位女性医生站在他的身后，双腿交叉——她的双手也交叉着。两人都穿着手术服。男医生穿了件有领子的衬衣，并可以看到领带，而女医生给人的印象是她里面什么都没穿。

在研讨班上，我问学员："这两人当中哪一个是医生？"

大多数学员都选择了那位男性，同时，他们认为那位女性是一个护士。

不论是男人，还是女人，都可能以糟糕的非语言行为损害自己的形象。然而，在生活中，我注意到，女性似乎更不在意这些细节。

你可以发现，在一些公众场合，女性常常倾斜着单腿站立，或两腿交叉站立，有些人甚至跷着二郎腿。有时候，她们也喜欢摆弄自己的手指或头发——这些行为其实都表达了紧张的情绪。

在研讨班课间休息期间，我常常让一位女学员注意看自己的脚。她常常会惊奇地发现，她坐着的时候总喜欢双腿交叉。

有时候，一些男性的站立姿势也显得很消极——他们会并拢双脚，手插在口袋里，身子前后摇摆——你甚至能听到他们玩口袋里的零钱或钥匙的声音。

另一些男性站立时双脚间距很大，手或拳头放在后背——就像一位好莱坞经典西部片里的枪战高手一样。而这种姿势令他们占据了很多空间，很可能被认为具有攻击性。

虽说男性很容易就会摆出攻击性的姿势，女性也同样可能做出这种攻击性的姿势。

因此，无论是在随意交谈时还是在重要的社交场所，如果想保持彬彬有礼的站姿，你的双脚就应该是平行的，间距为4至6英寸（注：1英寸相当于2.54厘米）。将你的重力均匀地分配在两只脚上。挺胸，但不要弄得就像在军训一样。抬起下巴，但不要太高。并且，除非在打手势的时候，不然，你的双手应该垂直放在身体两侧。

手势

在生活中，手势也是一种隐性的语言。一个恰当的手势可以帮助你强调某个重要因素。在一个正向沟通中，意识到手势的重要性是十分有必要的。

当紧张或心烦的时候，你的身体很容易失控。如果不控制手势，你很可能就会看起来紧张，或者，你很可能会无意识地传达了某种威胁，或表现得具有攻击性。

你的手势需要与语言一致，你需要知道自己在做什么。

这也就是观看自己的录像视频，会帮你矫正自己的行为习惯的另一个原因。

具有侵犯性的手势

下面的这几种手势可能会向别人传递错误的信息：

1. 用手指指别人。

不管是男是女，许多人都有用手指指别人的习惯，不要告诉我说你没有这样做过。

我曾见过一些人，他们告诉我说，他们没有用手指指别人，但其实，当时他们就正用手指指着我的脸——甚至是用手里的笔，如果你这样做的话，无疑会让人感到冒犯。

一位曾任职于一家知名公司的销售代表最近丢掉了工作，原因就是在一次会议期间，他用手指指向一位副总裁。

当他用手指向前指的时候，说："但我现在就需要那个信息。"显然，副总裁不会同意。

美国前总统比尔·克林顿也常常用手指指别人。很显然，现在他已经改变了很多。现在，他常常用举起一个手指关节来强调自己的某个观点——那样显然会比较好，因为这样的话就不会被认为具有侵犯性。

如果你想指别人，并且是具有侵犯性地指向别人，请摊开手掌，手指并拢。

2. 连续用拳头重击。

在试图表明自己某个观点的时候，有些人就会连续重击桌子。

依据我的经验，男人发生这种情况的次数要比女性多些。这是一个具有侵犯性的手势，甚至，会让一个精心准备的WAC语言看起来也显得具有侵犯性。

3. 双臂交叉。

双臂交叉可能不是一个具有侵略性的手势。然而，它会被他人视为唐突或戒备性很强的动作。有时候，人们交叉双臂真的是因为他们感到冷。而其他时候，他们也不过是因为不知道该如何摆放自己的手臂。

再说，人们总是会形成直觉印象——如果你只是因为冷而双臂交叉，那无可指责。可是，你要用WAC方法沟通的人却可能不知道。如此一来，他（她）可能就会断定，你是在做自我防御。

真实的情况是怎样的呢？直觉印象就是事实——你就是在做自我防御。

消极的手势

如果你正在使用消极的手势，那么，你将不大可能被人认真对待。因为消极的手势分散了别人对你的语言的注意力。如：

1.摆弄双手。

双手紧握在一起，打响指或来回摩擦指关节。试想，当你的手势如此令人心烦意乱时，谁还想认真听你说话呢？

设想这样一个场景，你紧握着双手对经理说："我想负责下一个项目。"

这时，你看起来将会像一个精神高度紧张的人，你的经理真的会认为你有能力吗？

2.玩弄小物件，如纸夹、笔和橡皮圈。

我曾经给一家规模超大的公司的CEO培训演讲技巧。在他演讲完后，我问他为什么表现得那么紧张。

他说："你怎么知道的？我以为自己隐藏得很好。"

我说："你的手上一直在转一个橡皮圈。"然而，在我告诉他之前，他却不知道自己那样做了。

在一次演讲技巧研讨班上，一个男士正在演讲，期间，他一直用一个激光指挥棒敲打自己的腿——这让全场的人都感觉聆听他的演讲很痛苦。然而，他却不知道自己做了什么，直到我们告诉他，他才有所察觉。

3.蒙住嘴。

这是一种很常见的手势，即在说话的时候，用手部分地盖住嘴——这就显得这个人不是真心想说话一样。

眼神的交流

跟手势一样，眼神交流也是一个重要的肢体语言，尤其在美国文化中。通常情况下，我们不会信任那些交谈时眼光回避我们的人。

苏珊娜告诉我这个故事：

我曾去见一位被很多人推荐的很有名望的医生。他看起来知识渊博，充满了智慧。但是，当回答我的问题时，他的眼光却转移到了别处。

他的眼光在地板、屋顶、他的手等各处游移，但就是不正眼看着我。他的医术可能十分高超，但是，他的表现令我难以接受，所以，我最终没有选择他。

当人们不看我们的眼睛的时候，我们会对他们做出种种判断或假设，这很可能就会招致冲突。

我们可能会认为，这个人不尊重我们、不诚实或不值得信赖。

但其实，人们转移视线有许多的原因——比如害羞、文化差异，甚至是并没有意识到他们的行为可能会导致问题。

当正在说话或聆听时，你应该看着对方的眼睛——在一个困难的对话中，这是特别重要的，这是有礼、有力的行为。但是，也不要死盯着对方，令对方局促不安——这会被认为具有侵犯性。你可以偶尔转移视线，但不要太久。

不能保持稳定的眼神交流，可能会被认为是消极的行为，或给人一个心不在焉的印象。虽然在有些文化里，转移视线是一种尊重他人的标志（详见第16章，你将了解更多文化差异和冲突）。但是，在大部分国家，交谈双方眼神的交流是非常重要的。

另一方面，在交流谈话中，你应该注意，最好与对方的视线保持在同一水平。

比如，当研讨班的学员坐着时，我常常走下讲台，站在他们旁边，然后俯视他们。

我问："你们感到有力吗？"

"不，"他们告诉我，"我们感觉很弱小。"

心理优势

我认识一个人，身高6.7英尺（1英尺≈0.3048米），可谓高人一等！

他承认，过去，在谈判时他常常故意靠近对方，想以"高人一等"的心理优势分散他们的注意力。可是，这种效果只持续了一段时间。最终，他意识到，在个人和工作关系方面，这样的表现对他造成了不好的影响。

他现在已经学会使用有礼、有力的交流技巧，而当他在进行困难的交谈时，他大部分时间都是坐着的。

故意地超过另一个人并不能使你更有力。让对方感到舒服和放松，才是一个真正有礼、有力的人做的事情。真正有礼的人是不会恐吓或人为地夸大自己，以获得较多的心理优势的。

一般，男性的个头比女性要高一些，因此，交谈时，常常是男性一方俯视女性一方。

你可能会抗议说："个子高不是我的错。"是的，这不是你的错。然而，如果你想成为一个有礼、有力的人，如果你想要积极地面对冲突，你也有责任让视线与对方齐平。例如，在与一位女士或者个子比你低的男士进行对话时，你可以选择坐下来。

面部表情

面部表情是一个非常重要的非语言交流信息。

谈到面部表情,你需要弄明白两个大的问题。

1.你的表情与言行一致吗?

你的面部表情必须与要表达的信息一致。如果不一致,人们一般都会先相信你的面部表情,然后才是你说了什么。

我们都曾看到新闻主持人笑着报道灾难的情况。这并不是说,他们认为这则新闻很有趣,他们很可能只是习惯性地微笑,以至于甚至在不恰当的时刻也是如此——但这看起来很糟糕,不是吗?

女性总是习惯性地面带微笑——因为我们从小都被教导要友好,不要做使人反感或不适的事。

但是,一位男士告诉我,曾有一位女士微笑着告诉他他的工作调动申请没有通过,当时她传达给他的是一个混乱而复杂的信息。

而通常,男士更需要多一点微笑。

曾有一次,我的一个老板在给我颁一个奖项的时候,皱着眉头,面容凝重。离开他办公室后,我想:"他真的认为我应得这个奖项吗?"

而当我对他进行了一番深入了解之后才发现,那种皱眉的表情竟是他默认的表达——他只是习惯于皱眉罢了。

2.你标准的面部表情是什么?

"你的意思是我有一个标准的面部表情?"是的,你有。

你的"标准的面部表情"就是——当你在聆听别人或没有说话时,人们在你的脸上所看到的表情。

珍妮特说，她不知道自己有一个标准的面部表情。但是，一直在她身边的朋友和邻居却经常会这样对她说："一切都好吗？"

她会回答："是的，为什么你们这么问？"

他们会说："因为你看起来很不高兴。"

她会说："但我没有啊。"

珍妮特不相信这个反馈，直到她看到自己的婚礼视频。

然后，她说道："这是我一生最幸福的一天，但我看起来却很不开心。"

现在，她相信了别人的反馈。

我曾依据坐在我的研讨班最前排的学员的表情告诉自己："这些人正在心里吐槽我，并且讨厌我所说的一切。"然而，这些人在休息的空档却走向前告诉我，他们喜欢我的研讨课。哦，他们真应该看看自己的脸！

坐在最前面的一位男士在课后发邮件告诉我说，他"非常喜欢"我的研讨课，并问我对他的肢体语言有什么意见。这时，他因为没有得到升职而感到很担忧。

其实，我已经注意到了他，因为他自愿和我一起在全班同学面前做一个示范。让我感到惊讶的是，他的手势始终僵硬而拘谨。他看起来是如此的严肃，以至于我对他愿意向我吐露衷肠感到十分惊讶。

着装品位

想要提高自己的专业形象，你的服装就需搭配得当，人们才会接受你，并愿意听你讲话。这很关键，决定着你是否会被严肃对待。

一位博士研究员在课后告诉我说，她为自己没有得到晋升而感到沮丧。她

Chapter 08 不可忽视的身体语言

请求我在WAC措辞上帮助她,这样,她就可以与她的主管进行沟通。

然而,对于她没能得到升职,我一点儿也不惊讶。她穿着一件低胸上衣和一条超短而紧身的裙子——这令她看起来像是夜店女郎,而不是在一个实验室进行严肃的癌症研究的研究员。可以想象,如果我都这样认为的话,她的主管又是怎么想的。

我直截了当地告诉她:"第一个需要被WAC的人是你。"

后来,她发邮件告诉我说,她在服装的选择上做了很大的改变。随后,她获得了升职,并第一次感到了人们对她的认真对待。

我曾去一家航空航天公司和他们的人力资源主管会面,时间正好是在他们公司的晋升会议之后。主管们正在讨论一位工程师,他没有被获准晋升为管理员。

我问这是为什么。他们说,这位工程师之所以没有被升职,是因为他穿得像一个邋遢鬼——旧T恤、宽松的、皱巴巴的裤子,所以,高级管理层担心他不能很好地代表公司的形象,因为这个新职位需要他与国际客户相互配合。

我又问他们,是否有人曾对他说过一些关于他穿衣方式上的事情。他们说没有。就因为他不知道这个问题,所以,他希望获得更高的职位,却一直被拒。

我告诉他们:"你们需要对这个工程师坦诚相待,并告诉他你们希望他怎样做才能得到提拔。"

是的,即使在今天这样更轻松的工作环境下,你的服装和举止仍然需要适合所处的职业环境。

注意力

当与别人在一起的时候,请集中你的注意力。

当和别人在一起的时候,如果你自顾自地回电话、查收邮件或发短信,那么，你打电话、发邮件或发短信的那个人，就会显得比现在和你在一起的人更重要。

人们常常认为，如果他们偷空阅读一封邮件或回一条短信，是不会被人注意到的，但是，他们的肢体语言——向下看以及移动手臂——却很容易被人注意到。

《纽约时报》最近有一篇文章标题是"市长候选人在竞选时执着于玩手机"，其中提到："在候选人和选民的互动中，智能手机已增加了一个新的危害，即：对竞选活动分心。"

这篇文章强调了移动设备是如何转移我们的注意力的。而另外一篇《纽约时报》的文章还讨论了一种新的趋势——对于手机引起的注意力分散的问题的应对：

当人们在一起吃饭的时候，他们会把手机放在桌子的中心，是为了让大家关注彼此，而不是各自的手机屏幕——而第一个拿起手机的人，将被罚去结账。

声音的力量

一个沉着、镇定并且音量适中的声音，是作为一个有礼有力的人的一个必备因素。因为在一场困难的沟通中，能够很好地控制声音尤其重要。如果你想表明自己的观点，那么，对方就必须听清你所说的。

有时候，你没有被对方倾听，可能是因为对方真的是一个混蛋。但有时候，却是因为你的声音不吸引人，进而让人不想听——太低，太快，或太大。

有一次，一位女士在电话里试图卖给我一种商品。她想进入我的办公室，并帮助我组装好这种商品。相信我，我是乐意我的办公室变得焕然一新的。但是，她的声音却太软、太弱，所以，我不相信她有足够能力解决我的需要。最终，我没有采纳她的建议。

大声并清晰地说出来

在不同的对话中，关于你的声音，有两个重点需要谨记：

1.音量。

你说话的声音足够大吗，大到足以让对方听到吗？许多人都不能。对于男人和女人来说，这个问题都存在，只不过，女人更严重些。

我在我的女性研讨班上说的第一件事就是——大声讲话！然而，最后，当她们提高了自己的音量时，她们感觉自己是在大喊大叫。我向她们保证，她们没有大喊大叫。

最终，我们终于能够听到她们所说的了。

我举办的这个"女性问题正向沟通研讨班"为期四天，一个文静的年轻女学员在上课的第三天分享了发生在自己身上的经历。

就在那天早上，上课之前，她还待在自己的办公室里，她的老板给了她一个额外的工作。对此，她解释道："我参加了一个研讨班，所以暂时没法做这项工作。"

她担心，如果答应了老板的话，自己将没法去上课。然后，她突然想起了所学的东西。瞬间，她就明白过来了——也许，她的老板真的没有听进去她说的话。于是，她站了起来，用比往常大很多的声音说："很抱歉，我现在要去参加研讨会，没办法接受您的这个任务。"

他说："好吧，我忘记了你还要上课这件事。我会找其他人来做。"

——他最终听到了她的声音！

2.语速。

在面对冲突的时候，如果你感到非常紧张，就可能会加快语速，而你却没有意识到。说话太快，会导致某些人很难跟上你的思路。而连珠炮式的讲话，会让人辨不清重点，也不可能传达较多的信息。

如果你没有时间去说想说的话，可以冷静一阵子，然后找合适的时机与他人做深入交流。

自愿的任务

你需要弄清楚自己的声音。

虽然你可以在一段视频中听到自己的声音，但是，你可能会受到其他影像的干扰、影响。

在上一章中，我鼓励你使用语音信箱来重复倾听自己的声音。在留言之前，先听听自己之前保留的声音，如果可以的话，尽可能多地重复。

你也可以使用手机上的录音功能来评估自己的声音。如果不断地做这些练习，你将能更好地控制你的音量和语速。

我把这作为我的研讨班学员的家庭作业，并且，还收到了很多积极的反馈。通过这个练习，学员们真的学到了很多。

站得足够近，但不要太近

在谈话中，与对方相隔的距离，也是你需要意识到的事。

据调查，在美国，两个人在沟通时，他们之间相隔的距离大约是3英尺。如果你与他人的间隔比平均值要小，就可能离别人太近了。

人们都不喜欢空间入侵者。当其他人站得离自己太近的时候，我们很可能就会感到受到了威胁或不舒服。

一位女士告诉我："我知道，我不应该太靠近别人，但我喜欢他们。所以，如果他们往后退，我就会向前。"

在那件事上，我不得不向她解释：她认为自己是友好的，但实际上，她这样做很容易侵犯到别人的隐私。因此，要注意，当和人们讲话的时候，如果对方在往后退的话，就说明你站得太近了。

注意身体的接触

触碰——在我们的文化中是一个过分敏感的话题。

由于当今世界人们对"性骚扰意识"问题的关注程度不断增加，所以，人们需要对身体之间的触碰格外当心。

一位女士曾告诉我说，当一位男士开始哭的时候，她只是碰了一下他的手，后来，他就对办公室里的其他人说——她对他有意思！

再说，即使不是一个事关性骚扰的问题，也有些人喜欢触碰别人和被触碰，而一些人却不喜欢。

虽然说关系不同，我的建议还是，当与别人交谈时，尽量不要碰触对方。但是，如果你和别人的交流进行得极为顺畅呢？这也经常发生，双方都很开心，并且，众所周知的"冷空气"已被清除。然后，是否可以拥抱和触碰对方了呢？

这种情况是有可能发生的。从专业的角度看，你必须审慎地使用你的判断。不过，一般情况下，碰触对方可能是不太合适的。

当彼此心存怀疑时，我建议你和对方握手。男士们常常是彼此拍击背部。对我来说，这似乎也没问题。但是，在一些国家或地区的风俗习惯里，这样做可能也不会被接受。

在有任何身体触碰前，你可以先问对方："是否介意我给你一个拥抱？"这也许可行，但也有例外。让我们看看在戴夫身上发生了什么事。

戴夫是一个广告公司的创意总监，他说："因为一位职工的一项工作没有达到要求，我不得不谴责他。对此，我感到害怕，因为他很不好惹，是个让人棘手的家伙。过去，每当我给他建议时，他都会变得心烦意乱，表现得很糟糕。

为此，我准备了我的WAC语言，以确保我的语言有礼、有力却不苛刻。一切都很顺利，我的语言很有效。他同意了我的意见，我们都感觉很好。但是，当他起身离开时，他问我：'你能拥抱我一下吗？'我不知道该说什么。我感觉自己陷入了困境，以至于不得不拥抱了他。"

改变需要时间

恰当地控制好你的声音和视线，是成功交流的一个重要组成部分。当然了，这需要时间。

试着做一个涉及所有非语言问题的日志。按照日志，对你的姿势、眼神接触、手势、声音等逐一进行调整。一旦对一个方面满意了，就转移到下一个。

虽说习惯很难改变，但一定要坚持下去。那样一来，你得到的奖赏会是——很好地控制自己的非语言交流方式，并且，你将拥有极大的正向迎击的能力。

Chapter 09

直面那些困扰你的沟通问题

正向沟通：非暴力人际沟通技巧

到目前为止，我谈论的大部分，都是关于你的。是什么困扰到你，你怎样把自己的想法放进WAC语言中，以及在实际沟通中，你的语言和非语言技能，是如何影响你的成功的。

现在，我们需要改变焦点，将目标指向你的WAC语言的接受者上。

对于是什么困扰了你，你已经告诉了对方；并且，也告诉了对方你希望他（她）接下来该怎么做；同时，也对你自己提出了要求，并进行了核实。

现在，你的WAC沟通方案中的每一个字母都完成了。很好，但是，仅仅因为你要求了一些事，并不代表对方就会去做。仅仅因为你已表现得有礼、有力，并不意味着对方就会友好回应。仅仅因为你不准备攻击对方，并不意味着对方就不会攻击你。

现在，欢迎来到WAC的对方当事人——神秘的、不可预测的和令人激动的沟通对手的世界。对于这些人将会如何对我们的WAC措辞做出反应，不论我们有多自信，而实际会怎样，我们并不知道。

正如在上一章中提到的，你不能在说完自己的观点之后就离开，那样，将起不到任何作用。因为对方也有他（她）想要说的——不论我们喜欢或不喜欢。

在这里，我可以用一些泛化的技能来引导你。接下来，有六种情况可能会发生：

对方同意你的建议或要求

我们都喜欢这种情况发生。

你猜怎么着？

它确实发生了。

当我们无法预料结果好坏的时候，它发生的可能性比你想象的可能还要多一些。

我一次又一次地听到这样的事情——人们本来将面临一场可怕的、艰难的对话，结果，他们惊奇地发现，事实上，情况并没有那么糟。

有时，与对方进行一场顺畅的交谈是如此的容易，以至于让你都感到十分惊讶。所以，一旦有了一次正向迎击的经历，你会再次去尝试。

快的和容易的冲突解决方法，常常起源于简单的原因。即，对方可能并没有意识到，他的行为是怎样影响你的。而当你有礼有力地接近对方时，你就会获得令人惊讶的结果。

一位曾参加我研讨会的女士告诉我说，楼上的邻居家的电视声太大而打扰到她，对于该如何告诉对方这件事，她痛苦了好几周的时间。

在练习了WAC技巧后，她最终鼓起了勇气和邻居进行了交谈。而当她说出了自己的请求后，他的反应使她大吃一惊。他道了歉，他说，他并不知道自己正在打扰她，他向她保证说，以后不会再发生这种事。并且，事实上，一次也没有。

她很开心，并为自己此前犹豫了这么长时间而感到惭愧。

另一位女士，她正在应用WAC技巧回应一位同事，因为他在给她讲很下流的笑话，她不喜欢听，并想让他停下来。

他回应道："当然，没问题。你为什么不早说呢？"

当对方认为那样做是正确的时候，他（她）就可能会给你想要的。

一位行政助理说，她也碰到过这种情况。

在每周例会时，部门的其他人从不整理他们用过的桌椅。为此，她向他们提出了建议——因为整理桌椅并不是她的工作，但是，她却一直在做。一旦她向大家指出来了，他们便开始了整理工作。

当对方给了你想要的结果，这时，你一定要感谢他们。

一次讨论

当然，也有可能对方不同意你，或有自己不同的观点。

对方可能有你不知道的信息，或许，他（她）有其他的建议或想法——好的，那是你没有考虑到的。

有时候，当我们不能得到自己想要的确切结果时，最好是找出一个双方都能接受的解决方案。

我的一个朋友指出，家庭，意味着要求一个人不断地给予和接受。

是的，我和我儿子之间就做过大量的谈判，我们也经常向父母及亲近的人妥协，而做出与初衷不同的决定（这和被占便宜或像一个"受气包"不是一回事）。

但要注意的是，其他人也同样有被尊重的需要。

一群朋友每隔两个月左右就会聚餐。保罗不喜欢亚洲食物，可是，其他人的票数胜过了他，最后，他们会去一家泰国或中国餐馆。所以，保罗决定同他的朋友坦陈心迹。他告诉他们，他想和大家一起分享美食，并希望他们能够容纳他的口味，至少得有几次不去亚洲餐厅。

然后，他们讨论了这件事，并同意每聚餐三次后，将尝试一家非亚洲餐厅。

在这种情况下，给对方创造一个包容性的环境是极其重要的，人们将会就此表达他（她）的想法，一个诚实的、开放的讨论就可能发生。将你需要的所有观点考虑在内，并努力做出一个双方都能接受的解决方案。

如果保罗愤然离开他的朋友，他将被视为具有攻击性。但如果他停止要求，又会显得被动。相反，对他来说，重要的是，他有礼、有力地告诉了他们自己的想法——这也就给了朋友们一个机会来讨论这个问题。

他没有要求他们绝不去另外的亚洲餐馆，因为那样会很不公平。然而，最后，结果是他的意见得到了大家的认同，并且，这也使大家很开心。

这里，我有一些处理困难沟通的建议：

·要有耐心。对方可能对你的要求感到猝不及防，或者可能对表达他（她）的想法感到难以启齿。

·倾听。

·问问题。无论何时，都要尽可能多地获得信息。不要只是一个问题接着一个问题地提问。倾听这个人的回答，并在适当的时候做出回应。

·重申你听到的对方所说的话。你可以使用一些词语，如："你是说……""你建议……""如果我理解对的话，你是……"重申有利于弄清楚所说的内容和避免误解。

·说明你能做和不能做的事，并说明原因。

·如果你有额外选择，不妨提出来。

·不要集中于任何一件事来评判或嘲笑对方。

·同意一种解决方案。这是一个积极的选择，但是，不要做出你无法承担或不想承担的决策。

·同意考虑一下，并约定再次见面。

·同意对方的不同意。有时，同意对方的不同意，可能是最好的，或唯一的解决方法。

比如，你对妹妹有意见——因为她带你年迈的母亲出去吃了冰淇淋。你认为，这不是她该做的事情。

你说道："这样做对妈妈的身体不好。"

她说道："偶尔吃一次不会伤着她的。"

你们都相信自己是对的。你会怎么办？

只要你母亲的健康并没有因为吃冰淇淋而立即处于危险中，那么，除了说出你不同的观点外，其他的什么都不能做——因为对于这种情况，你和妹妹都有着自己的处理方式。

怎样倾听

在任何讨论中，倾听都是非常重要的一个部分。以下，有一些对于倾听的意见：

·你不能同时做到倾听和诉说。这件事已经被人尝试过。有些人发誓说，这是可以做到的，但是，这是不可能的。请停止诉说，先让对方说。

·当你打扰对方时，你也无法倾听。

·全神贯注地倾听对方。不要接电话、收发短信，或在电脑上工作，或目光游移到别处。

·把思想集中于对方正在说的内容上，而不是神游四方。当对方说话的时候，不要总想着你想说的内容。

·在对方没有结束话语之前，不要改变话题。

但我真的想让这件事按照我的方式进行！

要是真实的情况是这样就好了——无论你是否愿意，都能一直按照你的方式发生。但是，这是不可能的。许多时候，你需要和对方一再讨论这个问题。

对方的防御

当对方获知你的意见或看法后，不喜欢或不接受它，这时就会出现防御性反应。他（她）可能不想和你处理这个问题，或想否认这个问题。有时候，他（她）会让你感觉很糟糕。

例如，这个人常常会做出这样的评论：

"哎呀！你真是太敏感了！"

"别人都不会介意。"

"我从未想过你会那样在意一件小事。"

不要陷入对方的防御性行回应里。因为它将会诱导你做不正确的事。你必须提醒自己，你是个有礼、有力的人。

这种个人的防御性行为，说明对方并未礼貌地对待或考虑其他人的感受。

所以，不要道歉，或试图证明你的观点。你的目标是，努力让对方进入一场可以协商的讨论中。

有时，一句简单的陈述，如"我对你的回应感到吃惊，我相信这场讨论对我们双方都是有好处的"——是完全需要的，它可以鼓励对方对你有所回应，进而展开一场有益的讨论。

但是，有些人可能会很顽固。那就要注意，不要让对方改变讨论的主题。可以先承认他（她）的观点，然后，再把他（她）带回讨论的主要问题上。

卡特里娜，是一位办公室经理，她遇到了一个十分顽固的人。

一位管理人员，一位女士，她一直在其他人面前称呼卡特里娜的昵称"小猫猫"，甚至在顾客面前也是。这让卡特里娜感到很尴尬。于是，她决定使用WAC沟通技巧。

她走近那位管理人员，并说道："我知道你没有任何恶意，但是，请你不要在公众场合用昵称称呼我，请叫我卡特里娜。我会因此感激你的。可以吗？"

然而，得到这样的告知，这位女士并不高兴。她说了一些类似这样的话："啊哦，别在意。你的昵称很可爱，不要这么大惊小怪的，没什么大不了的。"

还好，卡特里娜知道这个女人很难对付，所以，她也做了相应的准备。她坚持自己的立场，并重复了自己的建议："这对我很重要，我希望你能叫我——卡特里娜。"

这对于卡特里娜其实并不容易，但是，她已事先花了大量的时间来"武装"自己。

在精神上，她准备的一种方式就是，写下自己的WAC措辞，并大声地说出来。她甚至带来了自己的WAC表格，这样，在谈话之前，她就可以读一读。

尽管她很紧张，但是，她并没有找借口或自我贬损。她平静地重述了自己的要求，始终保持有礼、有力，并坚持到了最后。

当她应用WAC技巧时，尽管这位管理人员口头上没有同意停止，但此后，她再也没有叫过卡特里娜的昵称。

在这种令人棘手的情况下，你可以有三种方式来掌控自己：

1. 要求澄清。

有时，人们说一些话的时候，他们并不是真的像表现出来的那样苛刻。当你叫他们澄清时，他们就不得不很认真地、清晰地说明他们的观点。

例如，一个朋友对我做了一番无礼的评价，之后，我问："你为什么那么说？"

他说道："我想，因为我是一个混蛋。"

这就是那件事的结果。

要求澄清，也能帮你遏制你因对方的评价而产生的激烈的回应——当已要求对方解释他的评价时，你就不大可能做出过激的情绪反应了。

澄清的陈述包括：

你为什么那样说？

我明白，你认为这是一个愚蠢的想法。请明确地解释一下，到底是什么困扰了你？

我到底做了什么导致你有这种回应？

请帮我解释一下，你所说的"可笑"是什么意思？

这个建议是如此的蠢，具体指的是什么？

2.使用一个延伸性的陈述。

如果情况变得棘手，你没必要同意他的观点，你需要使用一个延伸性的陈述，让对方明白你已经听到他说的了。

你并不想争论出个"谁是谁非"——你想要找到的不过是一个对于双方都更好的方式，以便继续进行谈话。

延伸性的陈述包括：

那可能是事实。尽管如此，我还是不能赶上周五的最后期限。

我是那样做了，然而那不是我的意思。

或许那样做是有一定的道理，然而，我们不得不遵守公司的规章制度。

那是一个有趣的观点。然而，我现在关心的是如何实行它。

但是……

请注意，在上述句子中，没有一个用了"但是"这个词。这个小的单词会造成严重后果，它会立即否定前面的积极陈述。

例如，有人告诉你说："你做得很好，但是……"

这就像你现在正在等待另外一只鞋子落地，你准备迎接即将到来的坏消息，例如"……但是你被解雇了/降职了/没有得到升职。"

当人们听到"但是"的时候，他们的心态更倾向于防御。

所以，请尽可能多地使用"并且"这个词，因为它更自然。

例如："你做得很好，并且，如果……将会更好。"

其他的有效词包括"然而""虽然这样""尽管如此"……

这些延伸性陈述的后面，往往跟随着一个着重性的陈述。

注意下面的例子：

一个同事对你说："你答应过在下午三点前会给我报告。"可是，你却想不起来自己曾说过那样的话。

你真的想就这个问题争论吗，如"我真的说过"还是"你没听错"？

不要去试图证明你无法证明的事情。

通常，你可以通过使用一个延伸性的陈述来解决这种分歧："那可能是真的，并且，我可以在三点半前给你报告。"

3.承认对方的意见。

这是指当你承认，甚至赞同对方的观点时的情况。

通常，对方提出的意见里也包含着批评。如果你承认了它，就没有了精神上的压迫感。

克雷格告诉我说，他的朋友有一天对他尖叫道："你只是对此太敏感了。"

他看着她说道："是的，我就是对此很敏感。"

她的回应是："哦，好的。"

一位姐姐借给了弟弟钱，后来想根据之前的协议催弟弟早点偿还。

他说："你这么专注于钱，这就是你整天想的事情。"

她承认了这个看法，并说道："是的，我确实在乎钱。"

不要找借口或试图去为你的感情辩护，如："如果你处在我的位置，你就会有同样的感觉。"

你只需承认那个意见，然后再采取行动。

咄咄逼人的回应

在进行WAC式沟通时，你常常面对的是盛气凌人的回应。而且，在人际交往中，任何人都可能做出咄咄逼人的回应。

你该怎么办呢？

保持冷静

深呼吸。告诉自己："我可以掌控它。"

不要回击

他人的不当行为永远都不是你攻击别人的一个借口——这可能是你需要遵从的硬指标。

如果有人正在向你吼叫，你不想吼回去吗？当然，你可以选择这样做，但是，作为一个有礼、有力的人，你也可以选择不那样做。正如我们此前所学到的，这样做，你可能什么也得不到。

当你和对方互相攻击的时候，你就给了对方战胜你的力量。

攻击他人通常不会解决问题，事实上，还可能会让你遭到更大的羞辱或起诉。

我看到过一场突然发生的冲突，事情源于一个商业学院的院长和一位教授间的争论。其中一个喊道："闭嘴。"另一个则用公文包打他的头！

最终，他们的争论结束于市法院。

保持有礼、有力的态度

有时候，你甚至想刺激对方发脾气，好让他（她）因此而醒悟过来。但是，请记住，如果你不以攻击性的言行回应对方，你向对方释放的就是友好的信息。如果你始终保持镇静，对方就会认为是自己反应过度了。

我曾去一家百货商店去取一套在那里修改的西装。但是，它却还没有弄好。我那时又累又饿，并且，我第二天早上就必须穿那套衣服。

我一直说（用一种抬高的声音，因为有时我也会失控）："但是你们答应我……"很显然，那位正和我谈话的女士深谙沟通之道。她彬彬有礼地告诉我："我理解您的恼怒，对于发生了这样的事情，我感到十分抱歉，我想，我能做些什么来帮助您……"

她缓解了我的心情。她还提出让师傅加紧赶制，但不能保证质量，因为距离关店只有十五分钟的时间了。

我接受了她的提议，幸运的是，我的西装修改得非常完美。

必要的时候，主动结束谈话

如果对抗性的交谈具有侵犯性，那么，你就需要结束对话。有时候，你要通过自己的行动告诉大家——你不会接受（或无法容忍）何种行为。

埃莉诺·罗斯福曾经说过："除非得到你的许可，不然，没人能让你感到低人一等。"

你必须建立自己的原则边界，而且，你才是唯一的那个负责描绘边界线的人。

有时，你可以通过离开现场来明确自己的立场（如果你在打电话，你可以将电话挂断）。但是，即使你真要离开房间，也不要猛冲出来，摔门而去。

当你要离开或者挂断电话时，要使用一句有礼、有力的话。我把这句话称为"退出线"。

下面是一些例子：

"这并不是对我讲话应有的方式。等你能平静地交流时，再打电话给我。我现在要挂电话了，再见！"

这是某位销售经理对她手下的销售代表所说的话，当时，他已经开始朝她大喊大叫了。在她主动结束通话半小时之后，他打电话来向她道歉。

你还可以这么说："要是你再对着我尖叫，我就没办法和你谈下去了。如果你能平静地与我交谈，我很乐意继续这次讨论。"（停顿一下，看看那个人的情绪是否平静下来了。）

如果他还是很沮丧，你可以直接告诉他："我现在就要走了，再见。"

如果你说自己准备离开，那么，就请直接离开，不要在门口或走廊徘徊。走开就好了！如果你还在附近逗留，就会失信于人。

甚至，你也有可能受到某种诱惑，重新与那个人进行困难重重的交流。

决定这份关系是否值得继续

如果有人一直对你充满攻击性，你就需要问自己："我这么做值得吗？跟这人建立关系是否有益呢？"

我曾有一位老板，他被人誉为"长着两条腿的讨厌鬼"，他甚至曾尖叫着要杀了我。他的暴脾气可是出了名的。不过，我还是在那家公司待了一段时间，获得了宝贵的技能和经验，但是，一旦出现了很好的职业机会，我就立刻离开了那家公司。

如果你也有类似问题，我并不是想让你明天就提出辞职。你也许想要或者需要在那里继续工作一段时间，但是，你一定要意识到保持这种关系给自己带来的负面后果。

与你不认识的人进行沟通

对被侵犯的恐惧，使很多人都不敢与他们不认识的人沟通。

在美国，我们生活在一个充满枪支暴力的时代，所以，我绝不能只是说一句："去WAC那个你不认识的人吧！"

我不能这么说的原因是，我根本不知道会发生什么事情。

我可以告诉你的是，许多与我处境相同的人都告诉我，其实，将WAC沟通方法应用于陌生人身上，反而会使得交流本身更容易。这么说也有些道理，因为人们并不会担心伤害陌生人的感情，却会害怕伤害自己心爱的人的感情。

与陌生人交流的后果转瞬即逝，因为在其中并不存在某种持续性的关系。

这里的环境安全吗？

不过，在与陌生人交流之前，你需要考虑一下身处的环境因素。如果你在杂货店、银行或者拥挤的公共场所，你就不用过分担心自己的安全。

艾德正在银行排一条长队，忽然，他注意到，银行雇员匆匆领着一个人走出了队伍。他开始并没有多想，直到这种事再一次发生。

等轮到他接受服务时，他询问收银员为什么其他客户从队伍里被领了出来。但是，收银员的反应却是："他们只是普通客户。"好吧，艾德也是位普通客户。

艾德承认，在他学会运用WAC沟通方法之前，遇到这种情况，他可能早已经"失去冷静"了。但如今，他已经学会了有礼、有力的行为方式，于是，他就应用了这些技巧。

他要求和银行经理谈谈。他平静地要求经理解释一下银行关于"普通客户的特殊待遇"的政策。经理表示，他们并没有相关政策。于是，艾德平静地解释了刚才的情形，银行经理表达了歉意，并表示以后不会再发生这种事了。

在这种情况下，艾德有理由确信经理不会变得具有攻击性，事实也果真如此。

艾德的表现既有礼貌又有力量，银行经理也用积极的方式对他做出了反馈。艾德感觉好多了。虽然他并不能确保这种事情不会再发生，但是，至少他不会觉得被占了便宜。

他表达了自己的意见，这本身就让他感觉很好。

在面对陌生人的场合，你要充分使用自己的判断力，以及有礼、有力的沟通技巧。

如果你正在杂货店的快速通道排队，而排在你前面那位男士的购物车里却装满了食物，你可以礼貌地让他知道——他排错队了。

"抱歉，您可能没意识到，但这是快速通道。"

也许他真没意识到自己排错队了，不过，也有可能他其实意识到了——生活中总会有这样那样的爱占便宜的人。

不过，你至少把话说出来了，这本身就会让你有满足感。假设当时你并没有发脾气，就会对自己感觉更好——就让那个人看起来像个傻瓜吧。

有时，当你出于职业原因，应该与陌生人沟通时，如果你并没有这么做，就会受到质疑。正如下面这个故事所描述的：

有位财务顾问带着一群潜在客户去听一场著名演讲。那场活动是由某个财务组织赞助、在酒店宴会厅举办的晚宴。

落座之后，演讲人便开始进行主题演讲。但是，坐在他们旁边那张餐桌上的人声音很大，这很干扰旁人——大家甚至都没办法听清演讲人在说什么。

作为主人，那位顾问有责任确保他的客人们感觉舒服。他应该去要求那些人安静下来，但是，他却什么也没做。也许他害怕局面会失去控制。

但如果他能做到有礼、有力，而那些人却还不安静下来的话，他完全可以去找负责这次聚会的人解决问题。

而更可能发生的状况是，情况恐怕根本不会走到那一步。如果真有人能去告知他们，那群闹哄哄的人恐怕也会安静下来。但是，那位顾问却没有尝试控制局面，这也就令那些潜在的客户对他颇有微词。

如果环境不安全——还是算了吧

当时，你正走在一条灯光黯淡的路上，周围没什么人，突然，你发现有个人在你附近，那人看起来就怪怪的，在这种情况下，贸然与他搭话恐怕就不是个好主意。

我唯一能够告诉你的就是——必要时要遵从自己的直觉。如果你觉得不安全，或者有什么地方让你感到毛骨悚然，那就保持警惕，然后，赶快离开那地方。

在晚宴之后，玛丽莎和本去停车场取车。当他们经过付费亭时，有位工作人员正在打电话，在收钱的时候，他甚至都没看他们一眼，也没有找给他们零钱。

本说自己在等着找零。那人竟然开始破口大骂，话语也很有攻击性，他嚷嚷着说："你们没看见我正忙着吗？"

本和玛丽莎都觉得他不仅脾气暴躁，而且人也有些不正常。尽管他们感到被冒犯了，但是，他们还是决定什么都不说——虽然他们没有拿到找零，但却安全地离开了停车场。

"路怒症"

"路怒症"和带有攻击性的驾驶行为，都是生活中令人不愉快的情景。

有人开车别你，拒绝让你并线，或者，一边开车一边打电话，根本不看路，甚至差点撞到你。

无论这些行为有多么令人讨厌，多么危险，这些莽撞的行为，都不应该促使你做出粗鲁的手势，或者隔着车窗大喊大叫——因为那么做非常危险！你可能会因此看不清路，或者发现自己已成为其他司机发飙、报复的目标。

我很清楚，那些行为很容易促使你做出类似反应，当有些蠢货开车别我的时候，跟你一样，我也觉得很受挫。

不过，转念一想，那家伙可能并不是个笨蛋，也许，他只是犯了个错误。

如果你一直开车跟着那位司机，并抱怨他的驾驶技术，那就只是在自找麻烦。就让它过去吧！

对方反应消极

如果有人对你默不作声，或者压根儿"不在乎你"，你虽然无法强迫那个人和你说话，但是，却可以让他（她）知道你对此的看法。对于解决你们之间的分歧，你可以强调，他（她）的意见对你很重要。你可以这么说：

·"如果我们想继续谈下去，我确实需要了解你的意见。"

·"听到你的意见，对我非常重要。对于我的这个建议，你是怎么想的呢？"

·"除非我从你那里听到不同意见，不然，从你的沉默中，我会假设你赞成我的看法。我会觉得你将在天黑之前回家。"（我对自己13岁的继女就是这么说的。好家伙，她一听我这么说，就开始滔滔不绝地说个不停。）

要是对方什么都不说怎么办？他（她）不停地哭泣时该怎么办？

哎呀！没有人希望别人因为自己而掉眼泪。那时，你该如何是好呢？

也许，那个人真的感到很沮丧，也许，眼泪只是种防卫机制，或者是他避免谈话的处理方法。通常，最好的方法就是认可这种情绪，并将焦点重新放到谈话的主题上。

你可以这么说：

看来，我们的讨论确实让你不开心了。这并不是我的初衷。你为什么不去下洗手间，让自己冷静一下呢？我们随后再聊。

为什么我不离开一会儿，让你冷静一下呢？等我回来之后，我们可以再聊聊。这儿有纸巾。

那个人说"不"（而且确实是这个意思！）

如果你无法得到自己想要的结果怎么办？

你已经从对方那儿得到了一个明确的"不"。如果此人是你的老板，或对方比你位高权重，通常情况下，你就无法强迫对方继续谈下去。

有时候，"不"就意味着"不再讨论了"。

在前面的章节中，我们讨论了人们不愿意进行沟通的原因之一——他们觉得那么做风险太大了。

举例来说，有的人害怕自己加薪的要求被拒绝。可是，那又怎样呢？你的经理或者主管不了解你的想法？你感到自己的价值被低估了？

……

也许，上司的反应确实会让你感到不快。但是，在你再次提出要求之前，还是应该花点儿时间从另一个角度考虑一下。

尽管用WAC方法与上司交流可能会有风险，但是，有时候，得到一个否定的答案却未必是件坏事。

你也许会和简一样，最后得到的是完全不同的，或者是你从未想到过的全新选择。

简是一家建筑公司的办公室负责人。一次，公司的高层领导请她为母公司培训新的管控员——这其实是她一直以来在做的工作。开始的时候，她假装若无其事。她告诉自己："这并不会影响我。"

但事实上，这件事确实影响了她。后来，她发展到牢骚满腹，甚至还对自己的朋友和同事讲，公司的管理层有多么不公平。"他们怎么可以让我去培训那个小伙子呢？那份工作就是我现在做的事情啊！"

我建议她直接申请那个职位。虽然她以前并没想到要这么做，但是，她还是准备好了自己想说的话，并且，还约见了人力资源部的负责人。

人力资源部的负责人拒绝了她的要求，但却表示很欣赏她的主动性。几周之后，他们向她提供了另一个职位，这一职位责任更大，当然薪水也更高。

自然，简欣然接受了新的工作。

不过，杰瑞的经历就不同了。

当他有礼貌地与自己的经理沟通，询问他为什么要在其他人面前贬低他，并表示希望知道经理这么做的原因时，经理直接承认——他希望杰瑞辞职。

"起初，我确实觉得很沮丧，"杰瑞告诉我，"我甚至都后悔问他了。我太太和我刚买了新房子，而且，我们的经济条件仍然很糟糕。当时，我很担心自己被炒鱿鱼。但是，那次沟通却激励我去找新工作，而且，我做到了。尽管那段时间很难熬，也充满了不确定性，但现在，我遇到了一位尊重我的经理，而且，我也过得更加开心了。"

有些人可能会说杰瑞冒了一次险，并且，也得到了回报。我想说的却是，在那种情况下，他的冒险完全值得。

事实上，这次冒险给杰瑞带来了更好的回报。"不"恰恰成了正确答案，它促使杰瑞敢于打破困境，努力拓展机遇——难道你愿意为根本不尊重自己的人工作吗？

尽管"不"听起来并不是个积极的答案，但我却认为，了解自己的真实处境，总要比待在原处受打压、受误解，或者不开心好多了。

不要在别人背后WAC他

如果让其他人替你去与别人沟通，你也许会避免与人正面冲突，但是，却有可能会给自己带来许多负面后果。一家保险公司的经理就遇到了这种问题。

彼得一点都不喜欢他的助理凯特，说话的时候，凯特的嗓门儿总是特别大。她总是把问题或者答案直接冲着彼得喊出来，而不去使用内部通话系统，这简直要把彼得逼疯了。

彼得向办公室负责人抱怨凯特的行为，并希望经理能对凯特说点什么。办公室负责人果然去和凯特讨论了这个问题。但凯特却因为彼得没有直接来找她而感到很沮丧。

她并没有意识到，自己的行为简直要把彼得逼疯了；而办公室经理的干涉，更让她觉得很尴尬，她甚至猜想，也许办公室里的其他人也和彼得的感受一样。

这件事之后，凯特的态度变了，最终，她辞职了。她其实是位好员工，并不容易被别人替代。

后来，又有位助理找办公室负责人解决问题。

"梅根在用我的打印机。她一直在用，但我现在急需打印文件。"

办公室经理告诉她说："你需要平静地和梅根谈一下。难道她没意识到你很忙，需要使用打印机吗？"

"我还真不知道。"

"好吧，"她说，"去跟她弄清楚吧！"

办公室负责人意识到，如果她能帮助办公室里的人直接解决彼此之间的问题，那么，从长远角度考虑，他们之间会相处得更好。

于是，她干脆给那位助理上了一堂正向沟通的课——问题很快得到了解决，而且，没有人因此感觉不开心。

在这个例子里，彼得就是个懦夫。他害怕与自己的助理交流，看看后来发生了什么吧！在大多数情况下，自己直接去解决问题，要比找一位"特使"替你出头效果更好。

我曾听过无数个家庭不和的故事，它们都是从一些琐碎的矛盾开始的。

有个姑娘对自己的姐姐说了嫂子的坏话，当嫂子感觉不好的时候，就和自己的丈夫讲了。然后，丈夫试着去和自己的妹妹谈谈。

但妹妹对此很生气，就跑去告诉姐姐，哥哥如何对自己不公。姐姐再给哥哥打电话理论，于是这一家人都争执了起来。

通常情况下，直接面对你需要沟通的对象，才是最好的选择。

焦点还是在自己身上

尽管本章关注的内容在于对方，以及他（她）可能对你的WAC语言做出的反应，但是，你的焦点还是应该放在如何令自己的语言有礼、有力上。

当你能够这样去找别人交涉的时候，你可能就会发现，他（她）其实很乐意满足你的要求。

不过，其他人也可能觉得你的语言冒犯了他们。他（她）可能举止粗鲁，甚至对你大喊大叫。

你无法控制其他人，你能控制的只有你自己，以及你的应对方式。哪怕只有你在使用那些有礼、有力的语言和行为，也依旧能帮助你积极地解决矛盾冲突。

Chapter 10

正向沟通的11个关键

关于如何避免消极的迎击，我已谈了不少内容。当某次对抗或者冲突朝着不好的方向发展时，有着许多相同的原因：负面的言语、指责性的陈述、糟糕的肢体语言，等等。同样，当冲突向着好的方向发展时，也有着许多相同的原因在发挥作用。通常，这是因为你采用了一种坚定的WAC对话方式——你注意到了自己的措辞和非语言行为。不过，我们还有更多方法可以使你获得成功。

在分析那些朝着好的方向发展的冲突和对抗时，我发现，那些发起良好的WAC对话的人都遵守了11个关键步骤。

这些步骤确实有效，也很简单，你也可以尝试一下。

明智地判断冲突

当你意识到应该坚定地表达意见才能处理好面临的问题时，可以试试WAC方法。不过，究竟处于哪些情况下你应该表达意见，你怎样才能辨别出来呢？

既然WAC模型是一种可以应用于许多情况的公式，那么，你自然可以用它来面对许多人。但是，谁愿意度过一个充满心理对抗的人生呢——即便是那种正向的对抗。

通常情况下，对于当时的情况是否适合用WAC沟通方式，你可以先问自己：

这件事对你真的有影响吗

回想一下本书开始时我说过的梅丽莎的故事——因为她的弟妹没有为自己的丈夫（即梅丽莎的弟弟）做饭，她就感到很生气。

其实，对于梅丽莎的生活品质而言，这并没有产生直接影响，所以，也并非是与她相关的冲突。（或许，这两个女人之间还有其他矛盾，但绝不是做饭这件事。）

对于某种情况是否对你产生了直接影响，如果你不能明确指出，那么，这就很可能并不是你应该面对的冲突与矛盾。

把话说出来，这是你的责任吗

从另一方面来讲，如果你确实应该与某人好好沟通一番，但却没有这么做，那么，你的职业形象就有可能受损。

如果你是企业所有人、主席、董事，或者是负责人，通常，你就有责任指出某人或某事上存在的问题。比如，如果你正在主持一个会议或者接待外来访客，而在此过程中出现了问题，那么，指出问题就是你的责任。

这是不是一种持续状况

你所处的情况，是一种持续进行的状况，还是一次性事件呢？如果是持续进行的情况，比如，同事总是对你的工作发表负面评价，你就可能很想直言不讳地跟他（她）讲出来。不过，如果你和那位给你添麻烦的人，就像是两只在夜间航行的无舵之船，那为什么要多此一举呢？要知道，你不大可能再次见到那个边走边发短信的人，更不大可能在时代广场再次与他（她）碰面。

如果这种令人讨厌的行为只是个案，你可能就会选择忽视它。当然，也有特殊情况。假设你正在火车上，坐在你身边的人不停地打手机，同时大喊大叫。你可能就想说点什么（或者换个座位），否则，你将会有个非常漫长而难耐的旅行。

这个人对结果有影响吗

许多情况下，我们会对那些无法控制和改变局势走向的人发脾气。

我们都见过对着航空公司机票代理人员大发雷霆的人。然而，要知道，当飞机延误时，你无法改变这种情况，那个代理也无法改变。代理只是转达信息的人。所以说，即使你和颜悦色地告诉她，你需要尽早赶到波士顿，也不会让你要乘坐的飞机立刻出现。但是，如果你对她态度恶劣，她可能就会不动声色地让你无法搭乘下一班飞机。

环境是安全的，还是不安全的

正如我在前一章中说的——在不安全的情况下，你为什么要与某人发生冲突呢？别理睬它就好了！

明确这五个"确定你的冲突"的问题，能够帮你决定是否该与某人进行WAC式沟通。

但是，有些人即使弄清了这些问题，可能还是会觉得很不舒服，这也没问题。但需要注意，不管心里多么难受，都不要草率地做出决定。等过一段时间，你可以再去看看这些问题，就像阿什利做的。

阿什利亲眼看见部门经理在会议上偷偷地发信息。在看到这种情况之后，她决定什么都不说。但是，这件事却一直让她感觉不舒服。一个月之后，当阿什利再次看到这些问题时，她意识到，经理的行为确实影响到她了，而且，这是种持续不断出现的情况，所以，她必须要说出来。于是，她使用WAC技巧与他进行了沟通，而且，谈话进行得不错。

从小事开始

让我提醒你一下，不要在读过这本书之后，立刻就去与那些"大人物"沟通。那些"大人物"包括你那坏脾气的主管、岳母大人，或那些会对你的人际关系、你的人生产生重大影响的人。

我并不是说你不该与他们发生对抗，我想说的是，面对那些将对你的人生产生重大影响的冲突和对抗，应该尽量理智对待。我并不是在教你大事化小，而是因为正向沟通方法从很多方面来说，确实只是要令你形成良好的习惯。

比如，学会安全驾驶。对我们大多数人来说，开始学驾驶的时候，总有些笨手笨脚，甚至有点担惊受怕。但是，经过不断学习、练习和体验，甚至都不用加以考虑，你就那么做了。

正向沟通的理念也是同样的道理。这是一种经过时间洗礼，会让你感到越来越舒适的技能。而如果你甚至都不敢想象自己能去与那些"大人物"交谈，就需要慢慢树立信心，继续阅读本书以获得更多建议。

练习

我可不想像不厌其烦的钢琴教师那样说教不休，但是，我必须告诉你——要不断练习。

我们曾谈过如何写下WAC措辞，而通过练习以把它们讲出来也很重要。你需要把这些话都大声读出来，听听它们的声音。很刺耳吗？太软弱了吗？如果有人对你说这些话，你有什么感觉？

要知道，判断别人将如何理解这些话也同样至关重要。反复练习几次。

你并不需要把这些WAC语言都铭记在心。在发生冲突时，你也不必立刻背诵出这些话语。但是，通过练习说这些WAC语句，在对别人说这些话的时候，你就会感觉更舒服、更自信。

重要的是，由于成竹在胸，你也不大可能会显得很尖刻或不自信。

与别人进行角色扮演，也能帮助你练习WAC语言和非语言性技巧。你可以试着扮演双重角色。试着想象在某次困难的对话中，你可能遇到的障碍。

练习得越多，在以后的现实生活中，你就会感到越舒服、越自信。

与此同时，你也可以找到一位正面榜样来帮助你处理冲突和对抗。正如我在本书开始提到的，在处理冲突方面，我的榜样就是安·戴维斯——我曾观察她如何应对各种麻烦，并向她学习。如果可能，选择一位你可以观察并仿效的导师，并定期与他（她）进行交流。

请注意这个人的口头语言和肢体语言，注意他（她）是如何处理棘手的情况的。自然，你也没必要一字不差地照抄他（她）的语言，或者模仿他（她）的手势。你可以对他（她）的行为举止进行调整，以适应自己的实际情况。

缓解紧张情绪

就"勇气"问题，我想给你一些鼓励。如果你担心自己会变得紧张，害怕自己做的那些练习也会因此而搞砸，这都是正常的。

你肯定不是唯一有这种恐惧的人。在面对棘手的对话时，许多人都会感到非常紧张。他们害怕犯错误、遭遇失败，也害怕遭到其他人的反对。

是的，人们会感到紧张，那是很正常的。但要相信，你的紧张状态只是一种能量。能量没有好坏之分，而如何处理它才是重要的。

你以为那些成功的演员、运动员，或者首席执行官们从不感到紧张吗？当然，他们也会紧张。但是，尽管他们也害怕犯错误、在他人面前"失控"，他们却能够继续前进，所以才会取得成功。

他们已经学会了如何管理好自己紧张的能量，并创造出积极的体验。而且，许多人都曾表示，紧张的能量能够帮助他们有更好的表现。

我有位朋友，他是位成功的作家。他告诉我说，当他必须在观众面前朗读的时候，就会觉得空气稀薄，紧张得几乎喘不过气来。甚至，有一次他确信自己就要昏过去了，连呼吸也变得急促无比。但是，事实是，他并没有昏过去。

他说："在开始之前，我会做几次深长的呼吸。等读到第三段的时候，我就会变得很平静，并能享受阅读的乐趣了。只是在刚开始的时候，我会紧张得大汗淋漓。"

假装有感觉，直至你真的有感觉

你知道那句老话吗？如果你看起来像只鸭子，走起路来像只鸭子，并像只鸭子一样"呱呱叫"，那么，你就是只鸭子。

我把这个把戏称为"假装有感觉，直到真的有感觉"。

大家告诉我说，他们很喜欢这个建议，因为它确实有效——如果你看起来不紧张，别人又怎么会觉得你紧张？

应对过度紧张的小窍门

其实，这听起来显而易见，只是呼吸而已。在感到紧张的时候，人们总是倾向于屏住呼吸，或者只是浅浅地呼吸。

在准备接近某人进行一番艰难的对话之前，你可以做几次深长的呼吸。让空气从鼻腔深深地进入腹腔，直到腹部充分地扩张起来。屏住呼吸，缓慢地从一数到七。然后，通过口腔将气缓慢地呼出去，同时从一数到八。

这样做两三次呼吸后，你就会感到好了很多。这确实有效！

在我的生命中，我曾经达到过某种和谐的状态——对身边所有的人，我几乎都能彬彬有礼地与他们交流一番。不过，这并不意味着我就不会感到紧张。

有时，我仍然会感到非常紧张。但是，现在，我却能回顾自己曾完成的成功沟通的案例，而且，每次回顾它们，都会帮助我更前进一步。

哪怕交谈的结果并非我想要的，我依旧能够有礼、有力地表达自己，而且，我知道这对于其他人建立自信也很重要。

在脑海中勾勒自己的样子

为了进行有效的沟通，你的部分准备工作是可以先在大脑中完成的。

而事前进行一番模拟沟通，对许多人来说是一种强大的工具。

有些人发誓说，只是在脑海中想象自己能把网球打得很完美，就能提升他们的竞技水平。

一位看起来非常健美的女士告诉我说，在她节食期间，只是想象自己身穿6号牛仔裤，就能帮她保持体形。

汤姆是一家航空公司的质量保证工程师，他曾描述自己脑海中有过的戏剧性幻想——想象自己正在"斥责"部门里"不给他好日子过的人"，即那些无法及时向他提交报告的人。

"在脑海中，在自己的部门中，我会直接面对这三个特定的人，并义正辞严地冲着他们大喊大叫。当然，如果不这样做也会解决问题。但是，哪怕只是想想这个场面，都会让我的心脏怦怦直跳，浑身的肾上腺素都流动起来。"

是的，对汤姆来说，这些幻想对他而言并没有任何帮助——事实上，什么都没改变。汤姆并没有直接面对任何人，只是变得越发沮丧。

但是，当他了解了正向沟通的力量之后，他决定以积极的方式实现自己幻想中的场景。

"我会想象自己笔直地站着，表情放松而平静。我会练习自己的WAC沟通话术，并对他们说：'如果不能准时得到你们的报告，我这部分项目也会受到影响。所以，我需要准时得到它们。你们有什么原因无法按时提交吗？'

"当我最终这么做的时候，虽然很紧张，但是，我还是把自己想说的话都有礼、有力地说了出来。结果，他们向我道了歉，我也准时得到了报告。就这么简单。"

当你对某个人的行为感到沮丧时，请试着平静下来。你可以在脑海中把自己设想成一个有礼、有力的人——就像汤姆那样，想象着自己用WAC语言直面困扰你的那个人，并保持平静和自信。

使用肯定的话语

在每次举办研讨会之前，我都会告诉自己："我能做到，我能处理好！"

这些简单的语句，就是我的肯定语。

即使过去了这么多年，举办研讨会和演讲之前，在脑海中对自己说这些话，仍然是我做好精神准备的一部分。

当你即将面对一次对抗或者冲突时，请先提醒自己——"我能做到""我能处理好"，或者"我是一个有礼、有力的人"。

我知道这听起来有些老生常谈，但是，请试着使用肯定的话语，因为它们确实有效。而且，你的潜意识会相信你告诉它的一切。

如果你告诉自己的潜意识，你是个弱者，那么，你就是个弱者。但是，如果你对它说积极的语言，告诉它自己具备处理冲突的能力，那么，你就更可能成为一个具有更大能量的人。

这些言语将进入你的深层心理——我们不断小声地对自己说的一些判断，它们将对你产生积极的影响。

或许，对于这种太过情感化的东西，人们会觉得不可能有什么效果——它们听起来太简单了，不可能有那么大的力量。

对于那些对此持否定态度的人，我想向他们提出挑战，在几周时间内，请他们尝试使用这种方法，然后再告诉我它是否有效。

安德鲁就按照我说的试了一次。

他是一位非常聪明的机械工程师，他告诉我说，他曾徘徊于公交站台上，准备去做一份自己根本不喜欢的工作。

他对自己说："但是，我找不到其他工作啊！我被困住了。我得去拿个新学位，可那花的时间又太长了。没有人会雇用我。"

这些负面的话语在安德鲁的脑子里不停地打转。他自己也意识了，可他讨厌这样的想法，于是，他决定告诉自己一些新东西。

"我就站在那里，反反复复地对自己说——我能找到另一份更喜欢的工作。我能做到，我一定能学会那些新技能！"

后来，安德鲁确实得到了新工作，也学会了新技能。

别害怕，你也能做到！

请检查并聆听发自自己内心的话语。也许，你会对自己的想法大吃一惊。

如果有必要，用积极的话语重新对消极的心理定势进行"编程"。

请用词简单，一句简短的以"我"开始的陈述就很好。

请使用我能、我将、我知道。并且，要让这句话听起来是积极的、正向的。

记住，"我不会把这次沟通搞砸"，并不是积极的语言。而"我能处理好这次冲突和对抗"，才是积极的陈述。

选择正确的时间和地点

你已经做好准备，也做了练习。在脑海中，你也想象出了沟通时的画面，并使用了肯定性的语言。你已经准备好了。

那么，是时候找到那个人，与他（她）正向沟通一番了。无论你是否准备好，都要开始了！

请不要采用那种"给他（她）当头一棒"的方法。此外，当你沉浸于"终于可以解决这个问题"的兴奋或愿望中时，不要在错误的时间匆忙地与人进行沟通。

当你想与某人进行理性沟通时，隐私非常重要。

会议刚刚结束，其他人还在周围徘徊时，并不是直接面对某人的好时机。你倒是可以问他（她），是否有时间和你私下聊聊。

如果你没机会接触到那个人，就努力争取见面的机会。发电子邮件、打电话，或者发短信要求见面都可以。

不过，如果你正好碰见那个人，而他（她）又是独自一人，你还是要问他（她）一句："现在能和你说句话吗？""你现在有时间吗？"

因为，或许他（她）正赶着去开会，或者要赶去学校接孩子。并不是你遇到了那个人，而他（她）身边又正好没有其他人，就意味着你应该直接在此时此地与他（她）正面对话。

也许，你当时并不能保持一种有礼、有力的状态。我并不是说，你必须在理想的环境下才能做这件事，不过，如果你当时无法保持平静的心态，就很容易情绪失控，最好推迟这次对话。

如果对方看起来不那么平静，也请推迟对话。

如果你了解到对方正在处理某种紧急事件，比如，爱人生病或者要应对日益逼近的某个最后期限，也许，你也应该等候一下。

如果你并不想和那个人独处，比如，大家都知道他（她）爱发脾气，那么，你可以选择在公众场合见他（她）。

会面之前（或会面中）不要喝酒

我曾提醒过你，一定要小心，最好不要在酒吧里完成那种困难的对话。或许，喝上一杯酒会帮你放松下来，但是，也会有令对话失控或者转移话题的风险。

在喝了几杯之后，你可能会说太多的话，或者说出令你以后后悔的话。或许，你们会拥抱彼此，结束对话。但更可能的情况是，在第二天见面时，你们双方都会感到尴尬。

或许，你都不会记得或者清楚地理解你们都说了些什么，或者达成了什么一致。这样，很可能的情况是，你什么目标都没有实现——酒精和正向沟通技巧绝对不能混为一谈。

保持简短、简单的语言

在紧张的状态下，有些人就会说话太多。尤其是女士们，她们总是倾向于解释，解释，再解释。

紧张通常会令你不停地说话，而放松与释然有时也会让你说太多的话。所以，一旦开始和对方沟通，并对结果感到满意，就不要再说个没完没了了——因为你可能会重复说那些WAC式语言。

这时，请使用"退出语句"：

很感谢你的时间，我现在要去开个会。
谢谢你听我说这些，咱们以后再聊。
我要去打个电话，我们今天就谈到这儿吧。

而且，每次谈话时，最好将话题限制在一件事情上——这也会帮助你们保持简短、简单的对话。

与此同时，这也确保你不会跑题。

后续跟进

或许，你直接面对的那个人很想去做你要求的事情。当你们完成了沟通，他（她）也许会说："好的，没问题。"但是，人们并不会在一天之内就脱胎换骨。有时候，你面对的人有些不良习惯。也许，你有必要给这个人一些时间，让他（她）完成你所要求的改变。

随时随地对别人"跟进检查"，会让人不胜其扰，例如以下这些话：

还记得昨天吗，你记得我提到你的音响声音太大了吗？
在你那么做的时候，你不是希望我指出来吗？好吧，你现在就那么做呢！

如果只与那些人沟通一次就能解决问题，那就太好了。不过，那种情况并不会经常发生。有必要的话，你可以再安排一次谈话。你们可以重温一下达成的协议，并做出些调整。而如果在工作中，也许，你会希望以书面的形式加以跟进。

即使你是正确的，对方是错误的，有礼、有力的人也并不会因为自己获胜而洋洋自得。他们只是默默地对自己表示祝贺——并没有必要证明自己是对的。

有力量的人并不是因为他们的行为方式多么与众不同，而是因为他们能优雅地保持自信，因而才变得强大而有力量。

如果你所接触的人做出了你要求的改变，请记得对他（她）表示感谢！这时，你最好也要保持简单的语言：

"很感谢你让我注册课程，你的培训非常有帮助。"或者"谢谢你准时把报告交给我，你真帮了我大忙了！"

从经验中不断学习

首先，要对自己感觉良好。无论结果如何，你都已努力地做出了一次正向迎击。

其次，要对这次经历进行评估，问自己下面几个问题：

· 从这次经历中，我学到了什么？

· 下次，我该如何改进？

如果做得并不成功，也不要打击自己。因为这根本无足轻重——你正在练习一种新技能，掌握它需要时间。

对于自己处理某种状况的方式，你可以不喜欢，却不用全面否定自己。然而，如果你总是抱怨说"我可真蠢"，或者"我又搞砸了"……你将会陷入负面的思维模式中。

> 想想以前你曾用正向沟通技巧与之沟通过的某人。
> 当时发生了什么事情，你是如何解决的？
> 现在，你能用不同的方式解决吗？怎么解决？

记录WAC日志

许多刚刚接触正向迎击这一观念的人，都觉得记录WAC日志会对自己有所帮助。比如，你可以从回答这些问题开始：

- 是什么原因迫使你进行此次面谈？
- 你在哪儿？
- 你处于私密的环境中吗？
- 你的身体语言如何？
- 对方说了什么？
- 你是否给了对方说话的机会？
- 事情是如何解决的？

如果决定和他（她）再次面谈，你会说些什么？如果能再做一次，会有哪些不同？在做了反复的沟通之后，重新审视一下这些问题。它能够帮你轻松地识别可能存在的相似问题：

- 与同一个人交谈，这对你有困难吗？
- 你是否反复遇到同样的或相关的矛盾冲突？
- 这些矛盾是否出现在特定的时间或地点？
- 在家里或者工作中，你是否会有更多的冲突？
- 你需要练习哪些技巧？

你需要反复思考这些问题，直至你习惯以一种有礼、有力的方式进行正向沟通。

　　我可以向你保证，慢慢地，正向沟通对你来说会变得越来越容易，它也会让你得到更多的回报。当你进行正向沟通而不是发动攻击时，你会体会到更多收获。当你开始体验那些收获时，进行正向迎击就会变得根本没那么困难。因为你会得到许多鼓励，从而在有礼、有力的道路上越走越远。

Chapter 11

书面沟通的技巧

到目前为止，我们只谈到了如何在面对面的环境下进行正向沟通的语言技巧。但是，如果你是以电子邮件的方式，或者以书信的形式进行沟通，又该如何进行呢？

这是否能成为一种解决冲突的有效方式呢？尤其是当你对进行一次困难的对话感到非常紧张的时候。看起来，电子邮件似乎是一种充满诱惑的选择。因为如果某个人表现得很糟糕，而你必须拒绝他的升职要求，为什么不通过电子邮件来传达信息呢？这样，你就不会看到他那逐渐变僵的面孔。

如果你想与经理做一番沟通，因为他（她）没让你参加某次会议，那么，你就根本没必要出现在他（她）面前，对着他（她）唉声叹气。

大学生们也更愿意通过电子邮件向教授解释为什么论文交晚了，而不愿意坐在教授的办公室里，感到汗水从自己的脸上不断流淌下来。

通过书信或邮件的方式进行沟通，说起来很容易。但是，在选择这种间接沟通方式之前，你需要仔细考虑清楚。

我并不是说，书面形式不能让你有效地应用WAC沟通技巧，而是说，你需要确保自己选择这种方式有正确的理由。

首先，我需要澄清的是，面对面的讨论通常是最好的正向沟通的方式。（我说的是最佳的方式，而不是最容易的方式。）

当面对面地与某人进行交谈时，你有四个优势：

Chapter 11 书面沟通的技巧

1.你知道对方正在跟你沟通。

在面对面的交流中，那个人也许会接受你的意见，也许不会，但至少你知道自己进行过这次对话。而如果发邮件，你就不能确定这个人是否收到了或者阅读了邮件。你也无法确认，他（她）是否理解了困扰你的到底是什么，要求的又是什么。

我的一些客户几乎每天都能收到几百封邮件，所以说，你的信息很容易被忽视，或最终进入垃圾邮件的文件夹。

或许，你无须再体验面对面进行沟通时的焦虑和紧张情绪，然而，你现在又有了一种新的焦虑——他（她）收到邮件没有呢？他（她）现在是不是在生我的气啊？他（她）到现在应该给我回复了啊？我是否应该再发一封邮件呢？我应该打电话吗？

……

使用"阅读回执"

没错，你可以和邮件一起发送"阅读回执"的请求，但我并不建议你这么做。这是一种邮件通知功能，当你发出的邮件被收件人打开（设想被阅读）时，就会向你发送这样的"阅读回执"。这份回执确认收件人至少看到了你的信息，并记录下时间。但是，你仍然不能百分百确定这个人认真阅读了你的邮件。而且，有些网络会自动屏蔽这种请求，使用者也可能关闭这个功能。

2.使用非语言软化所要传达的信息。

如果你担心自己的话听起来太尖刻，或者那个人无法应对目前的情况，你的非语言性信号可以帮助你传达信息。

你可以通过脸上的表情、肢体语言的开放性，或者是轻柔的语调表达你对对方的关怀。你也能看到那个人的非语言性反应，这会表现出对方即时的感受。这个人在注视着你吗？她的面部表情如何？他是否对抗性地将双臂交叉在一起？

而在电子方式的沟通中，你绝不会体会到这些非语言信息的好处。

那么，可否用表情符号呢？

谨记，用代表"抱歉"的表情符号表达的情绪，是无法等同于一个真实的人所表达的后悔情绪的。

有时候，尽管某种情绪符号能帮助你软化自己的语言，或者在与你相识的人中间表达某种共有的情绪，但在通过邮件与某人沟通的时候，我不建议你使用这些符号——它们有可能会抵消你语言的严肃性，或者弱化那种严肃性。

尽管你有可能很喜欢这些符号，也许曾下载过许多表情符号，以便将它们插入你的电子邮件中，但是，许多人并不喜欢这些符号，或者并不了解它们。

我有个朋友就不明白>:(这个符号意味着愤怒。

出于这些原因，在进行某一严肃的专业沟通的时候，我提醒你要保持谨慎，不要使用那些表达感情的符号。

3.你即刻就能知道自己的处境。

当核对并询问"你能做这件事吗"时，你可以得到实时的回复，以及这个人对你所提要求的看法。这种即时的回复，能帮助你快速处理冲突。

4.你正在努力成为一个有礼、有力的人。

如果你要沟通的是自己经常见到的人，当阅读邮件时，或许，他（她）就会对自己说："这可真搞笑。你为什么不告诉我呢？我为什么要去读这些东西呢？"

如果你不和他们面对面交流，对方可能就会觉得你很懦弱。尤其是当你与那些与你一起共事的人沟通时，这种看法尤为确定。

这不仅会让人质疑你的自信，那个人可能还会想："难道他害怕我吗？"或者："我看上去难以接近吗？"

而一个自信的、气定神闲的、最终会被提升的人，往往是被视为能够妥善处理困难情况的人——包括面对面的人身攻击。

而如果你还以道歉的语言给对方发邮件，无疑将会进一步损害自己的形象。比如："很抱歉写这封信，不过，每当我想谈论这些事情时，总会有些动感情。"如果你必须要写这封道歉信，难道不该在邮件中先运用WAC措辞吗？

在紧张的时候，还记得你总会不停地说话吗？写邮件的时候，也容易如此。

你可能就会希望多说两句，然后再多解释一下，类似："哦，还有一件事情困扰我……"但如果你的废话太多，就会丧失语言的准确性。

如何在书面沟通中运用WAC措辞

以书面形式与某人进行沟通也有几个好处。在以下情况下，你用书面形式就是合理的：

1. **攻击性**。

如果你认为这个人会变得具有攻击性，那么，你就难以清楚地表达自己的想法，这时，最好以书面形式进行WAC沟通，你将更有机会将自己的意思表达清楚。

2. **复杂性**。

如果你与那个人之间的问题复杂而严重，你也许会希望以书面形式做出解释。当你把WAC的各项重点写出来时，你可以确认自己的措辞。只要你进行适当地编辑，就不会遗漏什么内容，或者在书信中造成新的问题。

当你将它们写下来时，那些语句就是永久性的。这对用书面形式沟通来说既是好消息，也是坏消息。

好消息是因为这能使那个人意识到你的看法，必要时，还可以反复阅读。这样，那个人就可以花时间真正了解你的意思。坏消息是因为你的语言现在就成了永久的"白纸黑字"（被写在一封邮件之中），可以轻易被转发和分享给其他人。你甚至再也无法否认自己写过什么，也不能把它们收回来。

3.避开某种情况。

如果某人总是用幽默的语言打断你，或者在你说话的时候，他（她）却在跑步机上跑步，那么，写一封邮件（或者信件）就能使你不受环境的干扰（或者在对方分心的情况下），充分地表达自己的想法。

我有个朋友告诉我说，她根本没法与自己的老爸沟通，因为他总喜欢讲笑话，而避免与她进行一场严肃的对话。而且，更糟糕的是，因为她老爸太有意思了，她在谈话过程中也会忍不住笑起来，即便她仍然会有挫败感。

她说自己也试着让老爸回到正在讨论的事情上，她本想给他发封电子邮件，但这么做还是不管用。因为平时他并不怎么使用自己的电子邮箱。

于是，她给他写了封信："爸爸，您太有意思了，但是，当您拿我想告诉您的严肃事情开玩笑时，我感觉糟透了。"

4.相隔距离太远。

如果因为地理位置，导致你无法亲自对那个人说出WAC措辞，那么，你就可以着手把自己的想法写出来。

在家庭年度节日聚会中，安娜的孩子把她公公家的东西打碎了，于是，老爷子对她大发雷霆。安娜因此缩短了行程。但是，当回家之后，她还是觉得很沮丧。于是，她决定给公公写封信——因为他们住得很远，也不经常使用电子邮件，而且，写信也能让她把自己想说的话都说出来。

她写道，虽然公公对她而言是一位很重要的长辈，但是，她不想看到他朝着她发火。安娜告诉他说，她依旧希望在未来能听到他说出自己的想法和顾虑，但是，她不希望他再冲着自己大喊大叫。

Chapter 11 书面沟通的技巧

当信件成为美好的回忆

我对大家说，没错，电子邮件确实是一种便捷的书写方式。因为，现在几乎所有的人都有电子邮件。但是，请不要放弃写信。

在日常交流中，尽管我们并不经常写信，但它却有着自己独一无二的好处。上面的例子也表明，有些人并不经常使用电子邮件。即使是处在大学年龄段的学生们也不像你想象中的那样——频繁地检查自己的电子信箱。

正如我的朋友通过邮件与自己的儿子沟通时所发现的那样。她在邮件的结尾写道："读到这封信时，请尽快与我联系。"于是，她等啊等啊……最后，她打电话给儿子，质问他："你怎么不回复我的邮件？"他回答道："什么邮件？"

对于十几岁的年轻人来说，通常，发短信和使用社交媒体可能是大家喜欢的沟通方式。但对其他人来说，写信就可能是更为正式和周全的沟通方式。

此外，写信也是一种更加私人化的沟通方式，因为你无法轻易转发一封纸质信件。还有，写信、寄信的过程也更加消耗时间。你需要用笔写出来或者打印出来，然后放进信封，贴上邮票，邮寄出去。因此，你有足够的时间写下你的WAC语言，并妥善地编辑它们。

如果你生气了，就可以让自己平静下来。在愤怒的情况下，我们都清楚发出一封电子邮件有多么容易——在某个时刻，我们中的许多人都曾做过这种事。而且，我们也都听说过由电子邮件造成的噩梦般的后果的例子。

关于电子邮件的恐怖故事

我曾看过一个卡通片，讲的是有个男人从时光机器里跑出来，来到以前的自己面前——当时，以前的他正坐在电脑旁，未来的他说道："别点击发送！"我认识的许多人，他们也都希望自己能进入时光机器，去做同样的事情。

一位人力资源经理曾经告诉我说,他发了一封邮件给一位同事,但是,收件人并不喜欢他的WAC措辞——这件事无疑为他们之间的关系判了死刑——对方甚至将邮件转发给了全公司的人,甚至更多人。

此外,当在愤怒的情绪下,你可能就会不明智地将邮件发送给错误的人。

我曾听说过一个杂志编辑的故事,他对老板很不满。于是,他给同事写了封邮件,说了不少他的坏话。他说,当他点击"发送"键的时候,自己就下意识地看到——收件人一栏写的是老板的地址——最糟糕的部分在于——他能看到老板就在办公室!

他甚至听到了对方提示收到邮件的"叮叮"的声音。他看见老板听见了提示声,并转向了自己的电脑。结果,他当天就离开了自己的工作岗位。

作为一条具有普遍性的原则,请牢记——在你感到愤怒或者沮丧的时候,不要发邮件。我有位朋友,在感到沮丧时,她就会把邮件先写在Word文件里。在发送电子邮件进行沟通之前,通过增加这些步骤,就能帮她平静下来。

此外,当你已经平静下来,并且准备好发邮件了,不要先把收件人邮箱地址写在地址栏里——因为如果邮件没有地址,你是不能将它发送出去的。

此时,你还有"三思而后行"的可能。

撰写WAC措辞的建议

就某种令人厌烦的情况或者是顾虑,如果你一定要通过书面形式与某人沟通,那么,你的写作水平就变得很重要了。

我曾到一家区域性银行的办公室,为银行职员们教授商务写作。在此之前,该公司的一位副总裁写了封邮件给所有员工,向他们保证,在即将到来的一次罢工集会中,公司将与员工并肩作战。

说实话，他的建议很不错。不幸的是，他使用了消极的措辞。

除了其他的内容，他还这样写道："我们将与你们一起工作，但是，我们不希望你们任何人滥用职权。"

这封信导致员工们不仅对他本人不满，连带对整个公司都很不满。

关于如何撰写高质量的沟通信件，我的建议如下：

1. 应用恰当的WAC语言。

在写作的时候，你的W应与面对面交谈时的含义一样——告诉对方是什么事情在困扰着你。

A的含义也相同，你要告诉他（她）你想得到什么。但C的含义稍有不同，你需要请对方给你反馈。在工作场合中，你可以加上一个请求："请本周末回复。"或者，根据不同的情况，可以这样写："请你考虑一下，我下周回来，我们可以面谈。"

2. 谨慎地选择用词。

请回到第七章，复习一下我对使用WAC语言的建议。它们也适用于书面交流。请注意一些关键点：要有礼貌，去除尖刻或者负面的词汇，不要骂人或使用诅咒性的话语——积极的措辞极为重要。

如果你这么写："任何一个明理之人都会得出这样的结论……"你就是在暗示对方不是明理之人。如果你写道："你没能……"这就对阅读者提出了批评。这些话听起来就很尖刻，尤其在书面交流中，则显得更加尖刻。

3. 按你说话的方式书写。

尽管电子邮件是一种非正式的沟通方式，但人们在通过它与人交流的时候，还是更加倾向于正式。但请记住，你希望创造的是一种对话式的口气。

当你们无法面对面的时候，你希望与这个人建立怎样的联系呢？所以，不要使用类似"随信"或者"迄今为止"这样的制式词语，为什么要以那种方式写电子邮件呢？其实，大多数人根本不知道那些看似正式的词到底有什么意思。

"根据我们的谈话……"或者:"有必要重申你的过度延误……"在实际生活里,你这么说过几次呢?恐怕你永远都不会说出这些话的,那么,为什么要把它们写出来呢?

4.选择使用恰当的字体、符号。

在撰写电子邮件时,你一定要确认从屏幕上能很清晰地阅读邮件。

·使用10号或者12号字符。为了让别人看清楚,字符要足够大。

·大段的文字会令人望而却步。请保持段落短小精悍,每两段之间要间隔一行,以提升可读性。

·将黑体字和下划线的使用降至最低。尽量通过自己的语言传达所要表达的信息。

如果你使用代表着重强调的黑体字,就像现在这样,这就好像你在大喊大叫!这会让人们感觉受到了侮辱!

·使用标点符号是为了间隔词句或者段落,并不是为了创造效果。

再说一次,请清晰地、准确地传达你的意思,不要用什么格式化的技巧。只用一个惊叹号或问号就足够了,别用"！！！！！！"。

有位女士在给雇员写电子邮件时,她用了超大号粗体字:

"会议在周一召开,所有人必须参加！！！！！！"

(她的团队成员都感觉受到了侮辱——他们完全理解"所有人""必须"和"参加"是什么意思。)

·如果要寄信,请使用正规的纸张。

别用便利贴一样的粘贴画,也别用纸片,更别从笔记本里撕下几页纸,纸上还带着卷边儿。简简单单的白纸或者信纸就很好。

5.使用致敬语和结束语。

与信件不同,电子邮件一般并不需要致敬语。但是,一些信函的书写标准也同样使用于电子邮件。

无论你是否意识到，当我们使用致敬的语言开始写邮件时，看上去内容就不至于那么唐突，而且，也会显得更友善。

当你在与某人沟通时，这是非常有帮助的。例如，用"亲爱的（更正式）"或者"你好（没那么正式）"来开头，也能设定一种友好的语气氛围。

其他一些注意事项：

·未经允许，不要称呼对方的昵称。

人们叫我"芭比"的时候，我一点都不喜欢。我还认识一个叫迈克尔的男人，他就总是直接删除那些以"亲爱的迈克"开头的电子邮件。

·如果你总是称呼某人"班尼特先生"，就不要在邮件里称呼他"亲爱的保罗"。

·当你与某人反复交谈时，请停止使用敬语。

·要有结束语。

在商务或者专业场合，当使用敬语时，你需要在邮件中加上结束语。你可以使用"多谢""祝好""此致"或者"真诚的"……

如果你和这个人很熟悉，有时候也可以跳过结束语，只要在结束时说"我期望能与你继续这个讨论"或"请告诉我你方便会谈的时间"。

·在你的签名档中，确保写明你的全名、电话号码和分机号，适当的时候，还要加上通信地址以及你的电子邮件地址。

6.写一份草稿。

如果某人让你感到很受挫，或者很沮丧，那么，你写给他（她）的第一份邮件草稿是不该发送出去的。

请按照我朋友的做法操作：打开一个空白文档——然后，开始随心所欲地写。你可以尽情释放压力，大发脾气。当你已经把挫败情绪发泄出去之后，深呼吸一次，再开始编辑你写的内容。

即使你当时并没有多么情绪化，写份草稿也是个好主意。

请小心，不要过度解释。把你需要说的话写出来，然后就可以停下来了。

7.校对并大声读出来。

你几乎已经准备好将信件邮寄出去，或者将电子邮件发送出去了。不过，在你那么做之前，还有一个更重要的步骤——将草稿打印出来进行校对。

当你在电脑屏幕上阅读的时候，挑出错误要困难得多。而大声把你的话读出来，对于你所传达的信息听起来如何就能有很好的测试。

如果你自己听上去都觉得尖刻，那么，很可能读信的人也会这么觉得。再看一下草稿，并删除那些负面语言或信息。

此外，笔误或者文字缺漏，也可能会造成对方的误解。

一位客服代表给客户写信，回复关于账单的问题："不幸的是，我们将向你的账户支付700美金。"而他真正想写的是："我们不会向你的账户支付700美金。"

但是，他们最终只能付款给她——她有邮件中的白纸黑字为凭。

8.留出一个冷静期。

不要马上点击"发送"键，或者拿着刚刚手写好的信件，或是刚打印出来的信，立刻就跑去邮寄。你需要一个冷静期。尤其是发送电子邮件，那简直太容易了！只需按下发送键，它就能永远被保留下来。

把电子邮件的草稿存在草稿文件夹中，或者把信件放在旁边一会儿，然后，再阅读一遍。如果你确认这封电子邮件或者信件里说的内容都是你想说的话，并且是有礼有力的，那么，你就可以点击"发送"按钮，或者把信件寄送出去。

关于电子邮件的最后一个建议

如果你是通过智能手机发送邮件，一定要小心——你也许更希望自己能回到电脑旁边，在没有任何干扰的情况下认真撰写邮件。

Chapter 11 书面沟通的技巧

在结束了一次工作面试后,有位女士通过手机发送了一封感谢信,但是,她忘记了这是在写邮件,而她使用了一些缩写词语。

她告诉我,这么做的结果就是——最终她没能得到那份工作。

现实版的WAC信件节选

辛西娅是一个创意写作班的学员。对于教授自己写作的老师,她感到很难沟通,因为在她看来,老师在批评她的时候使用的语言颇为尖刻——因为他们主要是在线沟通。

所以,辛西娅觉得,自己可以通过电子邮件与老师进行深入的沟通,这样做会让她感觉更舒服一些。这封邮件内容如下:

亲爱的玛丽:

在写作工作坊学习真是一次特别棒的经历。通过与您一起工作,我相信一定能改善自己的写作水平。不过,请您理解,当您使用类似"愚蠢的""可笑的""枯燥的"等词汇来评价我的作业时,我很难接受您的批评,也很难去采用您给我的那些很有建设性的意见。

在未来的学习过程中,如果您能记住这一点,我将不胜感激。

最后,请让我了解您对此事的看法。

结果辛西娅的教授回信道:

我很高兴你告诉这些。很抱歉,我根本不知道自己用了这么多负面语言。

Chapter 12

电话沟通的技巧

面对面讨论、写信或发电子邮件，并不是与对方做正向沟通的仅有的几种方式。许多人问我，在人与人交流中，通过电话与对方交流是否可行？还是那句话，要视情况而定。

在第十一章中，那位女士通过写信与她公公沟通了一番。她知道自己也可以打电话，但是，却害怕他会发脾气。因为她还不太熟悉正向沟通的方法，同时也感到紧张，她害怕自己不能清晰地说出自己的想法。在她的情况下，写信就是一种很好的权宜之计，也能为未来的电话沟通或者面对面交流打下基础。

但有时候，你却会希望通过电话进行沟通，因为可能你一时半会见不到那个人，也可能你们相距遥远。

还有些情况下，你与某人之间的正向沟通很自然就发生了——你和朋友正在通过电话聊天，那件困扰你的事情就那么浮现在了眼前。你一直想就此说点什么，也在准备自己的WAC话语。

既然你已经准备好要说什么了，为什么要等呢？这可是完美的机会！

实际上，书面形式沟通的优势与弊端，同样也适用于电话沟通。从好的一面来说，这种方式更加直接和私人化，因为你正在与那个人交谈，你们之间可以进行实时讨论。从不好的一面来说，就会发生以下情况：

·无法使用肢体语言，以显示你的情绪或者顾虑。

·平时有太多机会接触到某人了。

Chapter 12 电话沟通的技巧

许多人整天都拿着电话，随时都可以找到他们。很多时候，你可能还没来得及准备好WAC措辞，就已经与他（她）开始对话了。

- 你无法确定，是否是在一个恰当的时机联系到了那个人。

你会在不那么理想（或恰当）的时间、地点接电话（看电影时、在洗手间里、餐厅的餐桌上，等等）。或者，那个人可能正忙着陪同别人、正准备去开会等。

- 那个人可以编造借口以避免和你对话。

当你们面对面的时候，对方若想拒绝和你交流，就会变得困难得多。但在电话中，类似"我身边有人"或者"我这就要去开个会"这样的说辞，可能就成了对方挂断电话的借口。

- 听人说话可能很困难。

如果你想沟通的这个人正在行走中，或者身在室外，你就可能很难听清他（她）说了什么。因为在电话里，可能会有各种各样的噪音干扰。

- 他（她）可能会挂你电话。

没错，在面对面交谈的时候，对方可能会大发雷霆，但在电话里，你却无法确定是否真的是对方故意挂断了电话——也有可能是真的掉线了。

在上一章中，对于用书面沟通的方法，我谈到了可能会有效的原因，那些原因也适用于电话沟通的方式。

但是，如果你决定选择电话沟通，在对话过程中，可能用到一些实用的小窍门：

- 询问这个人："现在我们能聊几分钟吗？"或者："你现在说话方便吗？"

如果你和这个人经常互发信息，那么，你就可以发送一条短信提出谈话请求。除此之外，什么都不要说。

如果你在短信中这么写："现在，我确实需要和你聊聊，有件事儿让我很不开心,可以吗?"或许,你就会吓到对方,或者让他(她)起了戒心。

·询问对方是否需要打另外一个号码,或是打座机,因为座机的接收效果更好。

·争取提前设定你们的谈话,或者让对方知道你会给他(她)打电话。

这能够确保你可以在比较恰当的时间联系到他(她)。

·留意你的语音和音量。

在电话交谈中,唯一能让对话显得有礼、有力的非言语表达信号就是你的音调,所以,一定要控制好音量的大小。

因为与用座机交流不同,许多人都倾向于对着手机大喊大叫,他们甚至都没意识到这点。

语音留言并非好的沟通选择

你可能会问,谁会在语音留言里与别人沟通呢?我还真的听说过不少这种故事,然而——通常情况下,这不会有效果。

通常,人们会通过扩音器播放语音留言,你根本就不清楚谁可能会听到。而且,如果你说了什么让自己后悔的话,将是很难挽回的,因为对方已拥有了那段话的录音。

请记住,愤怒的语音留言可能会像病毒一般传播。

我们不该把WAC话语留在某个人的语音留言中,甚至语气平静的都不行。如:"卡尔,在你的演讲中犯了不少错误,尤其是在新团队成员面前,这让我感到很丢脸。我需要你更加认真仔细,并能对自己的演讲稿进行校对。请向我保证,这种事情不会再发生了。谢谢!"

如果是面对面进行的话,这的确是一次不错的沟通。但当卡尔吃过午饭回来，听到了这段留言后，他就变得很沮丧。

尽管演讲中他确实犯了错，但他还是有权做出解释，或者，至少有权对发生的事情做出说明——因为这个项目开始得很仓促，而他被从航班乘客名单中剔除了，不得不搭乘红眼航班才赶上了部门早会。

卡尔本来可以解释这一切，却没想到受到上司劈头盖脸的指责。随后，他为自己的错误道歉，并向经理保证下不为例，但直到他有机会说话，他会一直很沮丧。

语音留言小窍门

· 不要留下语焉不详的信息。

例如："凯特，你这下可麻烦了。我需要尽快和你谈谈。"凯特会迫不及待地打电话给你——就像她会迫不及待地补好牙洞一样。

即使"我们需要谈谈"听起来很不吉利，但我儿子却曾在语音留言中说过这句话，我几乎是惊慌失措地立即打电话给他。

"出什么事儿了？"我问他。

"没有啊！"他回答道，"就是我们有阵子没通话了。"

· 留言内容简单、直接。

如："贝斯，你好，我是凯西。听到留言后请给我回个电话。"

· 不要想当然地认为那个人听到了你的留言。

这是因为语音信息有可能会被删除或忽略。

Chapter 13

如何处理网络冲突

曾经有那么个时期，人们会争抢着使用座机电话。我是与两个姐妹一起长大的，仅仅因为该轮到谁打电话了，我们几个就会争得不亦乐乎。在智能手机时代，尽管这种情况看起来可能有点古怪，但我们还是应该记住，通信技术领域的全新进步往往伴随着一条"适应性曲线"——了解这一点很重要。

在电影开始之前，还记得大部分人是如何需要被提醒关闭手机的吗？现在，我们中的许多人根本就不需要被提醒，就会将电话调为震动模式——因为我们已经意识到，在会议中、葬礼上、课堂里，或者音乐会上，如果自己的手机铃声响起，那会让你感觉自己像个混蛋。

新的社交媒体网站应用的出现，给我们提供了更多的线上互动及交流方式，人们需要时间去适应，并从自己所犯下的错误中不断学习。然而，同样由于人们可以随时随地在网上发表自己的看法、自己的生活状态，由此，就导致了网络冲突的发生。

凯丽告诉我说，在脸书这样的社交网站上发表有关政治或者其他有争议的话题，可能会给自己带来一连串麻烦——她是在受了教训之后才明白这点的。

在上次的总统选举中，她在许多网络宣传标题下发表了自己的评论——她觉得它完全是无害的——因为她仅仅是就自己赞成的政治理念发表评论。

而此前，在她个人的社交账号上，她从未发表过任何消极的东西，自然，也没想到会收到什么消极的评价。所以，第二天早上，当她读到来自远方亲戚的一条充满敌意的评论时，真是大吃一惊，一时之间，她甚至仿佛不认识这个人了。

他评论说："像你这样的人正在毁灭这个国家！"她感觉受了侵犯，于是回帖道："你太狭隘了！"随后，他回复了一条更加恶毒的评论。

一番无意义的较量之后，最终，她删除了他的评论，并把他拉进了黑名单。到此，她觉得一切该结束了。

但事情并未结束。对于凯丽把自己"拉黑"这件事，这个亲戚感到很沮丧，并打电话给她。于是，他们之间又进行了一番唇枪舌剑，直到她说了一句："我们求同存异吧！"这才结束了这场尴尬的对话。

在社交媒体上与人交往时，请记住，当人们出现在"线上"时，与他们在"线下"的时候并不完全一样——你在现实生活中所喜欢、欣赏的人，在网上的表现也许会令你反感。

谁知道你的同事凯西喜欢每天在网上发表温斯顿·丘吉尔的名言呢？你恐怕也猜不出，好朋友尼克会用推特分享他在餐厅吃的每一顿饭。还有你最喜欢的侄女，她好像特别喜欢自拍，然后，把每一张自拍照都分享到她的Instagram账号上。

欢迎来到这个云集了垃圾邮件发送者、自拍狂、滥用标签者、"自大一族"、保守派，以及无数其他令人生厌的社交网络使用者的世界。

此外，你还会遇到一群"网络水军"——那些刻意在社交媒体网站、博客、网络上发表负面评论，并不断制造麻烦和分歧的家伙。

为什么网上的冲突很普遍

幸好，经过一段时间后，大多数人还是会适应社交网络中的各种规矩。可这并不能保证，在不久之后你的侄女就会停止发布自拍照片。

而有些人即使在意识到"社交网络也需要遵守规矩"之后，也还是会刻意违背网络社交的规范。

正如我邻居说的："我才不在乎别人是否会觉得我发布了太多自己孩子们的照片，我就是发了，我承认！他们可以不去看那些照片啊！"

通常，尽管经验老到的使用者都会遵守"最佳操作规范"，但许多新注册的社交媒体用户却根本没有这个意识。

以下这些因素，可能会造成（或诱发）网络冲突的发生：

缺乏肢体语言。

正如你知道的，在进行面对面或者通过电话交流的时候，你的肢体语言会帮助你更清晰地表达自己。

巨大的线上社区。

在线上，当你的好友数量达到200或者300人，或者你有2000名关注者。或者，有些人这两种情况都具备，甚至人数更多。在你的社交网络中，就肯定会有许多不太了解，甚至根本不认识的人，而在很多问题的看法上，你都不可能与他们一致。

缺乏约束。

在线上，当人们交流的时候，他们往往会显得无拘无束、率真自然。因为你既不会被他人看见，也不会看到其他人的反应，这就使得这种线上的互动显得没有人情味儿。

在网上，你可能会说出现实生活中不会说的话，做出在现实生活中不会做的事情。当你在某些模糊的网名下，比如，用"乔西姑娘爱书人95"的匿名进行交流时，这种情况就尤为真实。

而且，那个与你在线上争论个不休的人，很可能就是一个故意激怒你好造成冲突的"网络狂人"。

给予授权。

在网上，针对任何一个话题或新闻，人们都觉得自己有权发表观点——你根本无需等待别人问你，任何人都可以跳出来参与某场对话。

最近，我就目睹了发生在推特上的戏剧化一幕。

一位著名的歌手发表了一条关于一名真人秀电视明星的负面评论。随后，这位歌手的行为就受到了一个明星粉丝的指责。其实，这位粉丝使用的是礼貌的语言，但是，这位歌星开始发飙，并在推特上说了句类似"闭嘴吧你！管好你自己的事"的话。

我忍不住思索，这位粉丝既不认识这位歌手，也不认识那个电视明星，她为什么要做出那番评论呢？

而对于这位歌手，难道她没有意识到，当她在Twitter上发表关于别人的负面评论时，她正在制造冲突，而她的观点也就成了别人借机炒作的话题了吗？

网上的"静默"令人紧张不安。

人们参与社交媒体的程度各异。如果我邀请别人加入我的领英（Lindedin）或者脸书联系人，而过了几天，甚至几周，发出的邀请都还没有被对方接受时，或许，我就会暗自嘀咕——"那个人是不是不喜欢我，或者故意怠慢我？"

凯伦是丽萨在附近社区的"女性俱乐部"认识的新朋友，而对于丽萨来说，当自己在脸书上的发帖而凯伦没有回复时，丽萨就会变得很不开心。丽萨开始担心凯伦是否不喜欢她，于是，就有些觉得自己受到了冒犯。直至有一天，小组中的另一位妈妈提示了她："凯伦从不回复任何人的短消息，也几乎从来不上脸书。"

立刻的反应。

瞬时的通信方式几乎总是会令人们做出快速反应。但有时候，我们需要一个冷静期，以便让自己慢下来，考虑一下自己到底想表达什么，以及如何表达才能有礼、有力。

因为当我们在感到气恼、生气或者受到了冒犯时，就更容易选择尖刻的语言，并进行过于情绪化的交流："你认真的吗？那简直是大错特错！""我简直不敢相信你会那么想！"或者："你怎么能这么不开窍呢？"

这类评论会招致更为激烈的反应："你根本不知道自己在说些什么！""管好你自己的事吧！""我有权持有自己的观点！"

不鼓励礼貌地发表不同意见。

我们都知道，社交网络上有一个"赞"的按钮，但是，并没有"我有不同看法"或者"我不同意"的按钮。因此，当某人发布的内容冒犯了你，以至于你不能置之不理时，你也就只能用文字来进行回复。

正如我上面说的，当我们生气、气恼或者沮丧的时候，很容易就会选择一些尖刻的而非平静、礼貌的词语，比如："我对此有不同看法，理由如下……"

24小时在线。

现在，上网已经成了人们的第二天性。正常情况下，当我们情绪不佳的时候，就总想避免见人，否则，仅仅通过肢体语言他人就能看出我们的情绪。

但是，如果是在线上，你也许情绪低落，你也许已经工作了整整一天，你也许感到精疲力尽，你也许喝了太多酒，但是，网络另一端的人并不知道，你还是要积极地与别人进行沟通。

隐私距离因人而异。

有些事情或许你认为是私人的，但是，有些人却会说自己有权发布它。

我可以向你保证，我永远都不会把自己穿着浴袍的照片发到互联网上，但是，有些人的生活却好像是本敞开的书——谁都能看到他（她）的一举一动。

一般而言，习惯于网上交流的人，年纪越小也就越不受约束。而实际上，三十几岁、四十几岁的人也可能会过度分享他们的信息，或者，十分热衷于挖掘其他人的生活隐私。

当利比向几位密友分享了自己患上乳腺癌的消息之后，她没有想到的是，其中一位朋友竟会在脸书上评价此事！这让她感觉十分受伤。

问题：你是否该与那位拒绝加你为好友的朋友沟通呢？
回答：

可能出于许多原因，人们会拒绝这种要求。也许，他们希望将自己的社交网络清理一番，或者将个人生活和工作区分开来。所以，你发送的好友申请可能在无意中就被删除了。

如果你们刚见面不久，或者刚改了名字，或者距离你们高中毕业已经二三十年了，那个人也许没意识到你是谁。而且，他（她）的拒绝让你感到苦恼。那么，你可能就会想问那人："我给你发了一个好友邀请，但是，并没有得到你的回复。我有点担心，一切都好吧？请让我知道。"

在这种情况下，你想要的无非是一个解释，但是，这可能会让那个人感到尴尬。

在网络上，有些记者和评论家们发表的内容或者评论，最终导致了人们的愤怒和骚动。

所以，如果你要向成千上万的关注者发表评论，请不要发表任何具有攻击性、种族主义的或者性别歧视倾向的言论。

而幽默也经常会被误解。人们会说："我只是在开玩笑罢了！"但是，如果这是带有侮辱性的评论，无论你的初衷是什么，你的形象还是糟透了。

最近，哪怕是普通人也会因为他们所发表的评论、博客的内容而陷入麻烦之中——2005年，一家公司开除了25名在网络社区发表不当言论的员工。

即便如此，人们仍然会因为自己在网上的言论而陷入麻烦。

还有位教师，他因为在自己的博客中说一些学生是如何"粗鲁""像老鼠一样"而上了头条。

最近，我还读到了一则新闻，有人因为通过公司的电脑发表评论，对他人进行"网络欺凌"，之后，被举报到了公司的人力资源部门。

在线交流时，如何避免失误和犯错

1.谨慎发言，不可妄言。

对于某件事是否会冒犯他人，或是否恰当，如果你不确定，就不要轻易公布出来。比如，当你成为承担某个工作的后备人选时，有人就会通过搜索引擎搜寻你的信息。你在社交媒体上的活动也会被仔细审查。

如果你曾发表过对上一家公司领导的负面评价，或者在脸书上发布过下流笑话，或者在你的Instagram上发布了不雅图片……那你就得问问自己了，他们还会想雇用我吗？

2.在发布任何有争议的内容之前，先进行一下自我评估。

当面对面的时候，人们通常会争论政治、宗教和社会问题。而在网络上，人们也会争论政治、宗教和社会问题。所以，如果你想就某个热点问题或某个有争议的问题发表评论，举例来说，你支持提高债务最高限额，或支持某位候选人——你首先要问自己的就是，我的动机是什么？通过分享自己的观点，我希望实现什么？

如果你要对某一社会事件做出反馈，尤其是你不赞成的事件，比如，某项法庭裁决或是一些头条新闻……这时候，你需要让自己冷静一下。

在社交媒体上，用具有煽动性的、尖刻的语言发泄情绪，比如说："这样的政客简直就是白痴！"这就好像是火上浇油。人们可能会以同样的语言反击：

"嗨，伙计，你才是白痴！"

3.你的评论措辞要有礼貌。

对某些有争议的问题，如果你决定发表看法——因为你对某个事件或者某位候选人有强烈的感觉，希望与他人分享自己的感受并鼓舞其他人，那么，你的评论用语一定要有礼貌。

花点时间考虑一下，你希望该如何措辞。

打开Word文档，谨慎地把自己的想法写成草稿。你可能希望如此措辞：

"我不相信_____对我们的国家来说是个好的方向，因为_____。"

或者："在这个问题上，我可能代表少数人，但我的观点是_____。"

有礼貌的评论更可能得到有礼貌的回应。但如果你发布这样的内容："美国人怎么能这么愚蠢呢？"你的本意并不想伤害谁，但你却称那些不同意自己观点的人是"愚蠢的"——要知道，没人喜欢被如此称呼。

还需注意的是，即使你的观点或者措辞彬彬有礼，且值得被人尊重，也并不意味着其他人都会以同样的方式做出彬彬有礼的回应。

如何在网络上与冲突对象沟通

经常有人问我，在网络上，是否可能成功地用WAC技巧与冲突对象沟通？

这是个很难回答的问题。然而，从理论上说，可以！

你可以发布有礼、有力的宣言："我可不喜欢这个评价——就因为我们意见不同，我就是个白痴。请停止语言攻击，让我们休战吧！"

不利的一面是，网络上的WAC沟通可能不具备在面对面对话、邮件，或者电话沟通中包含的任何积极因素：

网络冲突快速地爆发，且不具备私密性，可能牵扯到对你重要的人。它们可以迅速地发展到难以控制的局面，让你几乎没有时间去认真考虑如何运用 WAC 与对方沟通。

并且，对于某些线下沟通，你可以通过离开房间或者挂断电话加以终止，但是，在网络上，通常是没有清晰的终止信号的——在你有礼、有力地表态之后，讨论很容易再继续下去；而你可能又想再尝试一次，继续表明自己的观点。

为什么要与一个你根本不认识的人沟通

你根本就不认识对方——这一事实正是网络沟通很难进行的另一个原因。

我曾在推特上见过这样的事——在两个素不相识却彼此关注的人之间爆发的一场战争。

再回到我此前提过的那个歌手攻击真人秀明星的事情上。明星的粉丝试图礼貌地斥责歌手，歌手与明星粉丝之间在网上互动了六到七次，但每次都使冲突进一步加深，而不是减轻。

我觉得那位粉丝最初给歌手留言时也算是客气的了，从他的评论中就能看出来——"我一直是她的粉丝，但是，我也是在维护你——你不应该说她'老土'。这会带来麻烦。"

这位粉丝说对了——歌手的确是在找麻烦——当歌手回复"管好你自己的事"时，这就证实了我的判断。

事实上，所发生的这一切与他们都没有关系。

当你通过推特与一个你不认识的人沟通时，你们之间不会发生任何现实的交集——他（她）也不会解雇你，你们恐怕永远都不会见面。但是，这么做很难有什么积极的效果。即使你原本是出于好意，又为什么要找麻烦呢？

要知道，即使我们不陷入网络骂战，不与他人激烈争辩，生活的压力也已经够大了！

Chapter 13 如何处理网络冲突

随他去吧

如果发生的冲突只是件小事情或者小误会,你可以通过发信息、留言或者评论的方式写下一句有礼、有力的话:"我有不同意见,不过,让我们随它去吧!"然后,就随它去吧。

如果有人向你道歉,接受它。然后,随它去吧。

如果你发布了一些东西,或者发布了一张别人不喜欢的照片,那就承认自己的错误,然后终止它:"我很抱歉。我并不想侮辱你,我已经撤回照片了。"

是的,当你是那个犯错的人时,不妨承认错误、为之道歉,并从中吸取经验教训。然后,每个人都需要继续向前。

如果那真不是什么重要的事,而且,那个冲突对象在你的生命中也真没那么重要,那就让一切不愉快过去吧!

结束激烈的对抗

但是,如果你不能放下这一切,又该如何呢?

无论你发布了什么,或者在推特上评论了什么,也无论是谁在对谁进行回复,一旦对话开始变得过激,你就需要终止交流。

停下来就好!

社交媒体并不是人们可以解决一次次冲突或者异议的地方。关键是要避免无效的口水战,尤其是避免与某个具有攻击性的人,或是可能与你根本不认识的人之间发生冲突。用140个字符或者一个简短的评论是根本不可能充分表达你的意见的,更不要说缺乏有效的肢体语言的帮助了。

在投入更多精力之前,我建议你仔细考虑一下,在你的生命中,那个冲突对象究竟扮演什么角色。

如果他是你高中的熟人,你可能更希望这件事就这么过去算了。如果是你的好朋友发布了一张你穿着浴袍的照片,好吧,那可能就是另一回事儿了!但是,如果某人像个令人厌烦的"高音喇叭",或者是爱在脸书上吹牛的家伙,你真的在乎他吗?即便这个在脸书上吹牛的家伙就是个傻瓜,这真的会伤害你吗?即便你和他进行了一番沟通,他会有所改变吗?

就让这个傻瓜为自己代言吧,恐怕你不是唯一一觉得他讨厌的人。

将对话带到线下进行

一旦你终止了过激的线上交流,你就可以做出一个选择。根据那个人在你生活中所扮演的角色(以及你有多在意这份关系),你有三个选择:

1.现在不要做任何事!

用一两天的时间考虑一下发生的事情。一旦你冷静了下来,可能会希望让这件事赶紧过去,然后继续你的生活。

2.屏蔽或者取消关注某人。

这个在网上冒犯你的人,如果并不是你线下生活的一部分,或者,他一直很招人厌烦,你就可以终止与他所有的线上交流。

而这就意味着,你在网上交流的人与那些需要在日常打交道的人不同,你可以很容易地避开许多潜在的麻烦。

3.你可以试着在线下解决冲突。

如果你决定和他谈谈,解决分歧,或者你希望与这个人好好沟通一番,那么,最好的选择就是——在一个公众场合与这个人私下见面。(我不建议与陌生人这么做。与你只在网上认识的人在线下单独见面,永远都不是什么好主意。)

你可以发个私人信息或者邮件,让这个人知道你希望见面:"我们在网上好像没有任何进展,见个面喝杯咖啡怎么样?"

如果不可能见面谈,按照我们上一章所说的,打电话交流是第二项好的选择。如果那也不可能,那么,不妨遵照书面WAC某人时的原则,给他发封邮件，这也是你的次一等的选择。

如果不说出来是错误的，怎么办？

但是，如果有人在社交媒体上发布的内容已经超出了"令人生厌"的界限了呢？

艾米丽曾经告诉我这样一件事，她在脸书上的一个"朋友"发布了一张自以为是幽默的，其实却很冒犯人的图片。

"我简直不敢相信自己的眼睛，"她说道，"我正想着'拉黑'他，但随后，我觉得自己有义务说点什么。人们总应该知道自己做了什么错事，或者，我至少应该告诉这个人我的观点。"

于是，她给了这个人一个有礼、有力的回应："你发布的东西一点都不好笑，那是种族主义言论。而且，我觉得自己受到了冒犯。请立刻停止！"

避免网络冲突的小窍门

我听说过许多在社交媒体上得到教训的人的故事，以下，是他们分享给我的一些经验和窍门：

1. 不要轻易对他人做出负面评价。

如果你和某人有什么过节，那不妨解决它。为什么要说一些有损自己或者是对方形象的话呢？不要因为一时的成见而随意"抹黑"别人。

对任何人发表龌龊的、负面的评论，都不是有礼或有力的行为，即使当某公众人物的表现很糟糕的时候也不该这么做——那个人很可能永远都不会读到你发表的内容或评论，但是，你却向其他人显示出——你变得多么令人生厌，或者多么爱评判他人。

实际上，我们有办法做到既评论某人的行为，又避免攻击他（她）。

当你说："某人竟然耍诈，他简直是个白痴！"或者："某人因为欺诈伤害了自己的伴侣，这么做可真不够聪明！"哪个评论更好呢？

2.不要对你的公司或者组织做出任何负面评价。

发生在公司茶水间中的聊天也许是合法的，但是，如果你在网上说了什么对公司或组织不利的言论，那就会留下书面的证据——是你做了这些评论。

而当你和别人私下交谈时，并不会有什么永久的证据。然而，在网上发表对组织不利的言论，即便你的上司不开除你，也绝不会让你升职。

为什么要吃里扒外呢？

正如我前面提到的，如果你正在找工作，你未来的雇主很可能会去查看你常用的社交媒体网站——我为什么要雇佣一个抨击前任老板的人呢？

3.将你职业领域的线上活动与私人领域的线上活动分割开来。

一位大学新闻系的教授告诉我，她看到，一些职业新闻记者用推特账户与观众互动，发布大家在酒吧里喝酒等照片，然后，又上传一些自己度假时的图片——如果你是出于职业的原因而使用社交媒体，那么，你应该区分自己的业务账户和私人账户。

4.不要参与其他人的网上论战。

如果你觉得自己需要支持一方，好帮着去战胜另一方，请私下这么做。

如果你在社交媒体上支持一位朋友而反对另一位朋友，那么，你可能会发现，自己就要被人"约见沟通"了。

5.不要用短信在线上与某人分手——永远不要！

一个年轻姑娘给交往了六年的男友发了一条分手短信："周末计划取消，咱俩之间结束了！"

哎哟，我的天啊！这么做简直太粗鲁了！

6.尊重别人的隐私。

只有在征得别人允许后，才可以发布别人的照片和视频。因为，哪怕是发

Chapter 13 如何处理网络冲突

布你与某人共进晚餐的照片，都可能造成麻烦。

有一次，我的一位同事不得不约见一位朋友，告诉他不要每次都发布他们一起吃饭的照片。她认为，其他朋友会因为没有受到邀请而感觉被疏远。

7. 对自己进行一次"蠢人试验"。

反思一下，你是如何使用社交媒体分享自己的观点的。

如果你总是评论或者发布容易产生争议或冲突的言论，或者，你注意到，有人已经不再回应你，那么，你可能需要考虑缩减分享的内容。

你可能觉得，自己只是在发表个人观点，但其他人可能有不同的考虑。通常，人们不喜欢被人武断地说教，或者被反复告知他们的观点是错误的。

正如我们已经了解到的——许多人根本不知道他们在做傻事。那么，还是让我们面对现实吧，哪怕是无意之举，在网上也有许多种方式让人一下子变成一个笨蛋。

清理网络空间

在本书的第三部分，我们将讨论如何在生活中避免人际冲突，而评估你的网上活动和社交媒体，可能就是其中一个最重要的步骤。

每过一段时间，你就需要清理一下壁橱或者车库，因为到处都是杂物，哪怕就是打开柜门，都会让你血压上升，是吗？

好吧，同样的事也发生在你的社交媒体和朋友圈里。

如果你越来越感觉到，其他人发布的内容会让你厌烦，或是你越来越容易被这些内容激怒，那也说明，你应该清理自己的网络空间了。

你真的需要786位脸书好友吗？你真的有必要在推特上关注4000个自己根本不认识的人吗？

越来越多的人告诉我，他们已经开始从网络世界和朋友圈中解放自己了。

除非你的工作要求如此，为什么不暂时让自己的眼睛休息一下呢？

一位广告公司总经理告诉我，永远通过智能手机与人保持联系，不停查看脸书和推特的生活，终于让她"受够了"。现在，当她结束工作回家之后，她勒令自己使用电话或电脑不超过一个小时。然后，她就会果断关机，和家人共度家庭时光。（这也导致她与伴侣的冲突变得越来越少。）

那些减少上网时间的人都说，他们的感觉更好了——他们的睡眠更好，体验到的压力和冲突也更少。

在第三部分，你将发现更多减少生活中的压力和冲突的方式。

Chapter 14

恰如其分地处理其他沟通问题

到目前为止，面对困扰你人际沟通的问题，你已经学会了基本的应对技能。这些全新的技能将以崭新而令人惊讶的方式赋予你力量。试着练习，并接受它们，你生活中的压力就会更少，自我感觉也会更好，而且会好很多！

但是，你尚未摆脱困境。还有许多种对话和情况，也属于"艰难交流"的范畴，不过，你仍然可以有礼、有力地应对自如。

生活中充满了令你感到紧张或者不适的对话和处境，你确实希望能避免此类对话，但是，却根本无法避免。比如，你如何告诉别人：

我准备辞职不干了。

你的裤子拉链开了。

你刚刚被裁员。

你最爱的叔叔住院了。

……

将那些糟糕的（或令人尴尬的）消息转达给别人，其实并不容易。但有时候你必须说出来，才能对其他人以示公平。

比如，整个下午，你不该让一位牙缝里还塞着菜叶的同事都毫不知情地四处走动——听起来，这可能有些傻乎乎的，但是，这种尴尬的情况在生活中却时有发生。

Chapter 14 恰如其分地处理其他沟通问题

在更严肃的情况中，比如，如果你准备离职时，也必须与上司进行一次谈话。

在本章中，关于此类棘手的对话都有一个共性，即谈话时，如何把握好自己的状态，将对结果产生重要的影响。

到目前为止，你学会的关于有礼、有力的沟通方法，包括WAC模型中的语言与非语言技巧，都可以被你应用于生活和工作中。

由于自己能够应对自如，你的自信心也会由此加强。你将会感到，自己似乎被赋予了某种力量。

当你不得不告诉某人他（她）可能并不愿意听到的消息时，也不会被恐惧所累。你更不大可能说出尖刻的话语，或者使用懦弱的肢体语言。你只需了解如何掌控自己，就可以去调和那些难以相处的人。

用这种方式过一生，要比以往的方式轻松许多。

当人们学习如何去应对各种不同的艰难对话时，他们所产生的反应，与他们学习如何进行有礼、有力的沟通时所产生的反应是一样的。

在正向沟通中，一种自然的、有礼有力的行为是一句话——"算了吧"，而在其他类型的困难对话中，情况却恰恰相反。

你将学会如何去避免那些状况，并不再畏惧它们。你可以直接面对，却不必过度担心。此外，你还可以更加直截了当。

这并不是说你总能享受那些状况。但是，当对话的过程中，你知道自己能够做到直率、坦诚，并保持良好的风度，那么，你对自己的感觉也会更好。

你也会变得更能接受那些突发状况，并把它们视为生活中的一部分。

有选择的时候，以及别无选择的时候

在某些情况下，你必须直言不讳。比如，你必须告诉马克，他父亲住院了——马克需要了解这个重要信息，这一点你很清楚。

有时候，你可以选择是否说出真相。比如，你认为自己的朋友卡洛琳衣着

不得体，但是，她自己却感觉穿得不错——你认为这可能就是她没有得到升职的原因。

那么，你应该说些什么吗？这就是一种你有选择的情况。

接下来，我们会谈到一些特定的情景对话。

无论如何，你总是可以选择以怎样的方式将自己想要（或需要）告诉对方的事情告诉给他们。而你所学到的那些沟通技能，能有效地帮助你。

现在，你有了一本指南，一座技能宝库，你几乎可以将它机智而诚实地应用于任何一次艰难的对话中。

对于人们通常会感到恐惧的、会避免的或者感到尴尬的艰难对话，大体可以分为三个主要领域：

1.给予反馈。

2.传达坏消息（或令人不愉快的信息）。

3.表达同情。

给予反馈

"抱歉，山姆，你只是不适合在这儿做销售。"

告知某人——他（她）的表现不尽如人意或者行为不当，这被视为"给予反馈"。

告诉某人好消息，比如，他（她）得到加薪了，也可以被视为"给予反馈"。由于这种信息人们接受起来并不困难，而且，那通常都是些令人愉快的事。所以，在本章中，我们就不做解释了。

我们在此讨论的情况，是对他人来说可能难以接受的反馈。有时候，你必须给予他人这类反馈。

Chapter 14 恰如其分地处理其他沟通问题

如果你是位经理、校董事会主席，或者身为家长，"给予反馈"就是你工作或生活的一部分。

而有时候，你会主动选择给予别人反馈——你相信这会帮助那个人。

下面，我们将讨论四个主要的反馈情景：

a. 对方的表现没有达到标准。通常，这种情况发生在职场上，不过，也有可能发生在孩子们身上。

b. 不请自来的忠告。

c. 使某人免于感到更多尴尬。

d. 对不公平的、非正义的行为仗义执言。

在上面的情况中，你如何给予别人反馈，取决于当时的具体情况。让我们分别看一下每一种情形：

a. 对方的表现没有达到标准。

如果你必须告知某人，他（她）的表现没有达到标准，那么，你首先要确定的是——自己是否就是那个恰当的人选。

如果你就是那个人的经理或者委员会主席，那么，给予反馈就是你的工作。而如果你是家长，给予孩子反馈也是你的职责。比如："本，吃饭的时候不要用手，学会用叉子！"

如果你并非那个恰当的人选，那么，给予别人这样的反馈就可能会有一定的风险——你很可能会招致别人的反感。

当你就是恰当的人选时，如何进行呢？

告诉别人他们不想听到的话，任何人做起来都不容易。但是，为了让这一切对你本人和对方都变得更容易些，总有方法能够做到的。

在本书开始的时候，我们就讨论过正向沟通中最主要的部分——想好你的措辞，你究竟想说什么？同样的方法也适用于给予反馈的时候。

运用你的 WAC 策略。

你可以使用WAC模型，或者，至少可以调整它，借以想清楚自己真正想说的话，如果可能，也可以就对方未来该如何避免失误提出自己的建议。

用你的W来定义问题所在。

要明确指出这一点——那个人到底出了什么问题？

不要期望任何人都能理解你所说的"糟透了""懒散的"或者"不达标"到底是什么意思。在这个人的表现或者行为中，到底哪里不对，你必须给予明确的解释。

你的W："问题出在哪儿？"

杰森，我注意到，前三次会议你都缺席了。

你最近提交的报告中，有好几处拼写错误。

每位委员会成员每年都要参加一场活动，而你一场也没有参加。

你的A："我需要你这么做！"

你正在要求某人改变或者调整他（她）的行为，从而达到一定的标准。

根据上面的例子，你的A应该类似以下内容：

杰森，我要求你准时出席所有会议——这是强制性要求。

你需要定期使用拼写检查，并且，把你的文件交给别人做校对。

我们希望你也能为委员会活动做出贡献，你能协调这次的售卖活动吗？

给这个人做出改善的截止时间。

你的C："你认同我的意见吗？"

Chapter 14 恰如其分地处理其他沟通问题

正如我们已经提到的，对这个人来说，即使你的意见具有权威性，也还是要和他（她）共同确认一番。

让对方解释他（她）的行为，或者说出他（她）的想法，要给予这个人解释的机会。

因为在这个人的生活中，或许，有什么情有可原的状况，而你并不知晓。比如，某位员工可能在照料生病的父母或者孩子，或者正在经历某种个人危机。你可以对他（她）提供支持，但是，同时要保持态度的坚定。

而类似咨询服务这样的资源，如果你的公司或者组织提供的话，你可以鼓励这个人去利用。

"如果你不能…"

有时候，对于如果这个人无法达到你的期望会有什么结果，你需要解释，并且一定要解释得清晰、明确！

你不会得到升职。

月报告会被委派给其他人做。

我们将要求你辞去委员一职。

一些其他建议：

私下进行。

在他人面前指出别人的问题是不恰当的。

六名研究生和教授一起共进午餐。教授说道："在讲座中，你们都变得更加自信了，这太棒了！"但随后，他转向杰克说道："好吧，杰克，在这方面，你还有些问题。"

这么做可不合适！尽管教授的工作就是给予学生们批评性的反馈，但是，他却应该在私下对杰克这么做。

用积极的信息平衡消极信息。

如果可能，找出对方身上好的一面。比如："你的报告中有错误，这削弱了你出色的洞察力。"

b.**不请自来的忠告。**

这是给予反馈的另一种情况——谈及那些令人极不愉快的事情！

你的一位朋友衣着不当，你希望给予她一些建议。没人请求你这么做，也没人要求你这么做。但是，你认为自己这么做有可能帮助她升职。

要小心哦！这可是敏感的事儿！对方可能并不想接受这种建议——毕竟，她也没要求你说什么。

需要注意的是，在说任何话之前，你都要问自己："我为什么要这么做呢？我是真正关心这个人吗？还是仅仅想要奚落她？"

你必须考虑到这个人的具体情况，她会接受你的评价吗？要知道，很可能，你这么做会伤害你们之间的关系。

我有位女性朋友，她脸上有一颗痣——这既影响美观，还可能不健康。

我冒险告诉她说，我本人就曾因为健康原因而去除了一颗痣，这就为我们打开了一扇沟通之门。我建议她去看医生，她照做了，并且，还除掉了那颗痣。

但有时候，人们给予别人意见时却怀着个人的偏见。

茱莉亚想与一位好朋友沟通，因为每周他都会在自己的脸书账号上发布几次"愚蠢的名人名言"。

当我问她，她为什么会厌烦那些名言呢？她耸耸肩说："我并不想屏蔽他，但这也太讨厌了。他一直这么做。"

我问她那些名人名言是否有任何冒犯之处。"没有，"她说，"那些都是鼓励人的话。"

Chapter 14 恰如其分地处理其他沟通问题

当我问她那位朋友是否造成了什么伤害时，她也承认，他并没有伤害别人。在这种情况下，她就不应该冒冒失失地跑去给他一番建言。

我给她的建议是，如果她认为这是朋友应该了解到的好的反馈，那么，她就应该去和他面谈一次，而不是通过脸书评论告诉他。

有位女士告诉我说，她的一位女性朋友的发型很难看。但是，除了这点小问题外，其实，她的外表很吸引人。那么，她应该告诉朋友吗？

如果她决定说点什么，可以有以下这些选择：

· 听到这种评论，如果她相信自己的朋友依旧会保持乐观的态度，她就可以直接说出来："我喜欢你之前的发型。"

· 她也可以间接说："你到底为什么决定换发型啊？"这个问题会让对话继续进行下去。

· 她也可以等到对方征求她意见的时候再诚实地表达出来。不过，她的话要有礼、有力："既然你问了，那么我也诚实地告诉你——我更喜欢你之前的发型！"

艾琳的朋友马修戴着一副厚厚的眼镜。艾琳觉得，马修戴隐形眼镜的话会更好看些。但是，当她把自己的看法告诉他时，马修却告诉她说："我的眼科医生告诉我，我不能戴隐形眼镜。你真觉得我看上去那么糟糕吗？"

哎哟！原来是这么回事啊！

在家庭中，这样的意见可能会造成许多冲突——这时候，人们会随心所欲地批评彼此。

有三个姐妹的家庭，这种行为少不了，好在，很多姐妹已经找到了和谐的相处之道，因为她们已经意识到，哪怕是一句"你新染的发色让肤色看起来好苍白"这样的评论，也会让大家吵个没完没了。

我与姐妹们之间表达意见时则更为直接。

有一次，我刚钻进车里，其中一个姐妹就转身对我说："哎哟，你身上太难闻了！""因为我喷了太多的香水。"我笑着说道。

——你看，我们就是这么交流的，而且，这种方法对我们改善关系也很有效。

你必须根据每件事的具体情况来评估是否要加入对话。这时候，请遵守两个重要的原则：首先，要对那个人表示关心。

你可以这么说："我希望你能做得很好。"或者："我觉得，你可能想知道……"

其次，如果这个人对你的评论并不接受，请放弃它。千万不要以一种侮辱对方的方式继续你们的对话。

你不该这么说："我还以为你能接受真相呢。"或者："我忘了你有多敏感了！"

然后，就让这件事过去吧。

但是，如果是别人主动询问你的意见呢？

把你的意见告诉他（她），但请记住，你要保持对对方的尊重。所以，你不该对朋友说："真高兴你能问我。因为我实在是想告诉你，你的打扮太富有挑逗性了！"

你这么说，只会令她感觉更糟。

比较好的措辞应该是："这里的女高管们着装都挺保守。要是我的话，我会穿长一点的裙子，而且，尽量不穿低胸装。"

c.别让对方感到更加尴尬。

"嘘……我觉得我应该告诉你，你的'谷仓门'开了！"

如果你不在农场生活，那这句话隐含着什么意思呢？

有人把这句话告诉给一位正领着一群实习生的医生，医生也不知道这是什么意思。他不停地问："'谷仓'是什么？"

后来，他才发现，原来，是他的裤子拉链开了。

当你要给一位身处尴尬境地的人提意见时，这就是你应该遵循的原则——

直截了当。

不要使用含沙射影的词汇、暗语或者手势来传达你的意思。如果一个人的裤子拉链开了，简单地描述情况即可："汤姆，你裤子拉链开了。"

有时候，这就足够了，不需要那么复杂。

但同时，请记住以下原则：

私下提醒。

通常，最好只让这个人自己知道——他的门牙缝里塞着片菠菜叶，或者鞋跟儿上粘着一片讨厌的卫生纸。如果你大声嚷嚷，只会让这个人更尴尬。

有风度的人永远不会让人感到难堪——针对别人的尴尬处境开玩笑是很卑鄙的。

有位很能激励人的演讲者正面对观众发表一场精彩演说。他一边演讲，一边在人群中走过，与他们互动——但是，他的裤子拉链一直敞开着。十分钟之内，没有人提醒他。随后，在他经过时，有位女士递给了他一张纸条，把这事儿告诉了他。他连眼睛都没眨一下，不动声色地拉好了拉链，丝毫没有乱了分寸。

如果这个人的反应很负面，那么，你仍然要保持礼貌。

例如，你告诉某人他的裤子拉链开了，他却说："你朝下看什么呢？"

别着急，你只要这么说就行："你这个反应真让我吃惊，我以为你知道呢！"

只是描述情况。

"你的内衣肩带露出来了。"这就是实实在在的 W，再也不需要说别的。

此外，未经许可，不要触摸对方。如果一位女士背后的衣服拉链开了，未经她的许可，就不要动手帮她拉好。

有位女士曾想帮另一位女士拿开粘在她下巴上的头发，谁也没想到，对方竟然以为她别有用心——这又带来了更大的尴尬！

请人代为提醒。

因为性别的关系，如果你觉得提示内容有些难为情，就可以让别人代劳。

有一次，我丈夫马蒂和我一起参加聚会。有位女士的内衣肩带露出来了，于是，马蒂对我说："你干吗不去告诉她一声？"

他之所以让我去说，是因为他觉得对那位女士来说会少一些尴尬。我这么做了，那位女士很感激我。

不再谈论此事。

无论发生过怎样尴尬的事儿，不要老想着它。既然已经发生了，就让它过去吧！

d.谈论"不公平"或者"非正义"的行为。

如果这件事不是你的问题，我建议，就让它过去吧。

决定某件事是否与你相关的办法，就是衡量他人的行为对你产生的影响。如果它并没有对你产生直接的影响，那么，这不是你的事情，你也不应该就此事与对方讨论。

但是，在老板不在办公室的时候，如果你反复看到同事迟到、早退，又该如何是好呢？如果他要求你代为隐瞒，但你却觉得这么做让自己很不舒服，显然，你可以用这样的WAC措辞与他沟通：

"让我为你隐瞒，这件事让我很不舒服。"（你的W。）

"请别让我再这么做了，好吗？"（你的A和C。）

但是，假设他并没有让你帮着隐瞒什么，假设他的迟到、早退并不直接影响你每日的工作量，但他的行为本身让你反感。你应该说出来，并给他意见吗？

下面的情况，是另外一个场景。

在你住的公寓楼内，假设有一个残障人士停车位，但有位邻居就是视而不见地把车停在那里。你本人也无权把车停在那个车位上，所以，她并没有占了你的车位。但是她的这种行为让你很生气——你认为她无权把车停在那里。

Chapter 14 恰如其分地处理其他沟通问题

在这两种场景里,对你的影响都不是直接的——那个邻居并没有侵犯你的利益,你有自己的停车位——但是你还是觉得影响了自己。

你认为那个人的行为是不公平或者不正义的,你觉得很气恼。那么,你能对此做些什么呢?你应该说出来吗?

在说出来之前,请确保:

你掌握了全部信息。

不要用有色眼光看他(她)。或许,他(她)习惯于在家工作或者有亲人生病了;或许,把车停到残疾人停车位上的女士最近刚刚做了手术……如果没有掌握全部事实,你就无法评估是否值得说出自己的意见。

如果确实值得。

当看到别人正做着在你看来不公平的事时,你可能会感到愤怒,对此,我表示理解。不过,我也知道,如果你经常被这类事情所影响,那么,你很容易会愤愤不平和义愤填膺——这并不是一种积极的、正能量的生活方式。

我还发现,有时,那些抱怨不公正的人还会将挫败感从一件事情上转移到另一件事情上。也请你小心这种行为,因为它会让人耗尽心力。

保持中立。

你可以和那个人谈谈,请他(她)做出澄清。请确保语言简单明了:"你知道这是残疾人停车位吗?"或者:"你怎么把车子停在残疾人停车位了?"

你也可以这样描述在你看来不公正的事情:"每次老板不在的时候,你总会迟到、早退。"你也许会了解到一些自己不知道的情况,或者,你的评论就足以让那个人不再在残疾人车位上停车,或者不再迟到、早退。

不过,要注意你的非语言信号,尤其是你的口气。请保持中立态度。你并不想挑起一场争斗。

请注意,如果你担心那个人会有什么过激反应,我建议你不要直接接触他(她)。

向上级汇报。

你可以找到经理并对他说："我觉得，有必要让你知道——在你不在的时候，康纳经常迟到、早退。"

实际上，因为每个人都必须根据实际情况和所涉及的人自己做出决定，所以，你必须做出因地制宜的决定。但我要建议你，要认真考虑这样做对自己的职业形象、办公室以及其他关系的反响。

你将被视为告密者、爱管闲事的人，还是英雄呢？最重要的是，你的同事会不会对你有看法呢？

但是，对在残疾人车位上违规停车这件事，你也可以将这件事报告给公寓管理者或者保安人员，让他们去处理。有些情况下，你甚至可以报警。

但我认为，你应该把报警作为最后一招。如果可能的话，最好的做法还是直接与那个违章的人谈谈。

传达坏消息或者令人不愉快的信息

"我真不想告诉你这些，但是……"

有时候，你不得不告诉某人一些负面消息（或坏消息），而你知道他（她）可能不想听到这些。

例如："你没能得到这份工作。""我们承诺过你的货会按时运到，不过……""我知道你期待这次旅行好几周了，但是……"

在大卫·莱特曼的节目中，他曾安排过一个环节。他会请人上台，代表一位观众说出他（她）自己无法开口的事情。通常，场面都会很搞笑。但是，我会忍不住想，这样做对双方日后将产生什么影响呢？毕竟，这是一档在全国范围内都能收看到的电视节目。

Chapter 14 恰如其分地处理其他沟通问题

如此传递消息，尽管我认为糟透了，但是，它却说明了很重要的一点——人们将会尽自己最大的努力，去摆脱一场不愉快的对话。

他们不知道该说些什么，或者该怎么说。但是，这么做的话，通常他们会把事情弄得更糟。如果你不对那个人说，自然会有别人去说。然后，对方就会纠结："为什么你不早告诉我？！"

过去五年，每到夏天，卡伦和唐都和他们的密友维基和吉姆夫妇一起在海滨度假。但今年，卡伦和唐很想换个地方——夫妻二人想抛开朋友单独度假——并不是说这对夫妇不再喜欢他们的朋友了，他们只是想尝试些新的变化。

为此，卡伦十分纠结，不知道该如何跟维基开口。她担心这么做会伤害维基的感情，但她实在是太纠结了。最后，她的丈夫唐再也看不下去了。

当这两对夫妇再次聚会的时候，他说道："我想，你们知道我们多喜欢和你们俩在一起。不过今年夏天，我们决定过个不一样的假期。我们想单独出去。"

这件事的结果是，维基和吉姆也在考虑做点什么和往年不同的事。凯伦要是能早点把这件事提出来，就能避免那些困扰自己多时的问题了。

通过使用在本书中学会的技巧，你将能够更容易地与别人或者自己进行此类对话。当你想与对方进行"轻松地打破僵局"的谈话时，请记住以下几点：

a.如果可能，面对面地交谈。

通过我们之前的内容，想必你现在已经知道了——为什么这种方式通常要比发电子邮件或者打电话更好。

b.私下谈。

在会议上，你不该公布一名团队成员没有获得"年度最佳员工"奖的消息，你应该私底下先告诉他本人。

c.避免以这种语焉不详的语言作为开场白："我真不知道该如何告诉你这件事，但是……"

你的确了解自己在做什么，直截了当地说反而更好——"我有个坏消息……""计划有变……"然后再说出你想说的话。

d.做出恰当的解释,但别过分。

请在恰当的时候指明原因,做出恰当的解释——要保持有礼、有力的行为和语言。不要找借口,或者向对方道歉:"我们想度过一个私人假期,这是因为我们的婚姻出了点问题。"

你给出的信息太多了!请保持简单的语言,例如:"今年的假期我们想自己出去。"

如果你不得不告诉某人他(她)并没有得到升职或者加薪,就需要告诉他(她)原因,尽管这对他(她)来讲可能很难接受。

有位女士被告知自己没能被升为销售经理,这是因为她说话太软弱,而且,她的形象看起来比较消极。

对于能够了解这些情况,她对自己的上司表示感谢,并准备在自己的非语言行为上做些改善。

e.可能的话,向对方提供帮助(或给出其他选择)。

我认识一位女士,她一直梦想着去意大利——母亲的出生地看看。她丈夫也曾承诺她,在他们结婚十周年纪念日时带她前往。但到了那时,他却出现了财务问题。

他很害怕告诉妻子真相,但他做了件聪明事,弱化了这个坏消息——他拿出一个账本,对妻子说道:"我刚刚建立了一个度假账户。每周我都要存25美金进去,等我有能力的时候再存更多钱。几年之内,我们就有钱去意大利了。"

"你叔叔在医院里!"在这种情况下,最好的方式就是直接说:"很抱歉,你的威斯叔叔住院了。"不要弄得很戏剧化,也不要拖延时间,比如:"在告诉你之前,我希望你坐下。"或者:"我知道你听到这消息后会很难过。"

永远都不应该让别人有悬念,或者提心吊胆。通常,他(她)从你的肢体语言和语气中就能清楚知道有些事情不对劲儿,所以,你应该直接告诉他(她)

Chapter 14 恰如其分地处理其他沟通问题

发生了什么事情。

f. 可能的时候，请用积极的消息弱化坏消息。

如果可能，先从好一些的消息开始。当贝丝的丈夫遭遇一场严重车祸的时候，她很感谢妹妹告诉她这件事的方式。

"贝丝，"她说，"别太担心，现在好了——加里会好起来的，他只是出了场小车祸。"

如果她是这么说的："加里遇到一场严重的车祸。"贝丝说她会当场晕倒。换作是我，估计也会如此。

"我要辞职！"你将接受另一份工作，或者去另一家公司工作，或者你准备改变生活方式，不再做全职工作。对你来说，这并不是坏消息，但是，你可能就会觉得很难把这个消息告诉给老板。

劳丽在一家出版公司担任了三年的市场总监。由于上下班花在通勤上的时间很长，她想做在家做兼职。对于如何将这件事告诉给老板，这个平时很自信的女人感到焦虑至极——她就是不知道该说些什么。

"你就不能告诉他，你决定离开公司了吗？"我建议道。

"可以，"她说，"但我感觉糟透了！"

"为什么？"我问她，"你签过合同，或者违反承诺了吗？"

"没有。"

"你在三年中工作努力吗？"

"当然了！"

"这份工作对你没有约束力，"我告诉她，"你对老板也没有终生的义务。"

"我没那么想过。"她说。

这看起来是个很普遍的问题。你觉得对某人（或公司）负有义务，或者害怕他（她）有什么反应。但是，如果没有违反合同规定，你只需要有礼貌地告诉老板——你要离开了！

对于该怎样跟老板提出辞职，劳丽有各种想法。

我建议道："不妨假装我是你的老板，在我这儿练习吧！"

我们这么做真是件好事，因为她刚一开始说，就发出了一阵紧张的笑声。而且，她的肢体语言也在传达着紧张的信息。

然后，她说："嗯，这让我感觉很不好，不过，我必须告诉你我有多抱歉——但我必须辞职。"

天哪，这种语言和行为真够掉价！我马上制止了她，并给了她这些建议。

a. 对你要说的内容做好计划。

把这些话写下来。

b. 练习。

你会感到紧张，那就找个朋友来，帮你进行角色扮演。

c. 不要道歉。

如果你没做错什么，就不要说你对离开公司感到抱歉的话。

你可以说："离开一群这么出色的人，我很伤心。我会想念大家的，但对我来说，是时候继续前进了。"

不要说："我很抱歉，你们会恨我的，我知道你们确实很忙，不想这时候有人辞职。"

请注意，注意你的非语言动作——如果你一脸不安地坐在椅子里，一边搓着手，或者摆弄头发，你看起来就不像是个刚刚做了重要决定的人。

d. 保持简单。

使用简单的说法——"我想辞职，我要抓住别的机会。"

你没必要告诉别人自己的人生故事，并做出解释。你也并没义务告诉老板那些细节。你选择告诉他多少信息，完全取决于你们之间的关系。

但当你进行第一次谈话时，尽量让它简短、简单。

e. 准备一句有礼、有力的话。

如果你认为这个人可能会与你争辩，或者试图说服你改变决定，准备一句话来表达你坚定的立场。就像："我理解你的想法，但我已经下定决心了。"无论那个人可能做什么争论，只要重复你那句话就好。

"我理解你希望我留下，我也很感激你提出的条件，但是，我已经打定主意了。"坚守住你那句话，当然，除非老板提出了令你难以拒绝的条件。

f.不要断了自己的后路。

如果你幻想着责备老板，或者向他透露某同事到底有多懒惰——还是算了吧！我就曾听说过那些断了自己后路的人，后来对自己的所作所为有多后悔。

责备某人能让你感到热血沸腾，但实际上你感觉良好的时间最多不超过10分钟。在那之后，你就会感觉糟糕透顶——除了让你失去一个潜在的推荐人，这么做并不能改变什么。

杰夫也是付出了惨痛的代价才得到这个教训，他说："我很期望能辞去自己的工作。我已经到了憎恨老板的程度——这个经理简直糟透了，根本就不能公平地对待所有人。我痛痛快快地数落了他一通，可以看出来，他很震惊。他对我说：'我一直觉得咱俩关系不错。为什么你不早说呢？'他看起来很真诚，我却觉得自己像个傻瓜。"

我曾读到过一则新闻，说是有位女士高高兴兴地拍了自己离职时的照片，其中有许多留言板上的信息，包括她如何憎恨老板、老板有口臭的细节，然后，她将这些用邮件发送给了全公司的人。

没错，这确实是一种很有创意的离职方式，不过，现在，她在行业里却声名狼藉，大家都知道她辞职时发出了33张照片，还对前老板说了许多报复的话。

不要对你的前老板、同事或者公司做任何负面评价，更不要在社交媒体上说——你永远不知道谁可能会读到那些内容。

我还听说过一个故事，有人离开公司后，在一个专门发泄对公司和老板的怨气的网站上发帖。尽管他是匿名发帖，但是，他披露的信息太具体了，以至于他的前老板一看就知道是他。后来，这个人收到了那家公司发出的律师信，威胁要以诽谤罪起诉他。

表达同情

"对于你失去亲人，我很难过，但相信我，这样会更好！"

是的，现在，我们要进行的第三个也是最后一个困难对话——我们所有人迟早都要面对的对话——向痛失亲人的人表达哀悼。

是的，这很困难！

在这种情况下，我们往往会感到很别扭，感到难以开口，这都是很自然的。但是，避免对悲伤的人说话却是个错误。

事实上，因为不想让对方更难过，人们觉得尴尬或为难，这都是可以理解的。我经常听到有人说："我担心自己会让他（她）感觉更糟。"

也许有很多人不知道该怎样做，但说点什么真的很重要。对那个刚刚失去挚爱亲朋的人来说，能听到来自他人的安慰与关怀，有着不可思议的重要性。

通常，人们只有在自己遭受到失去亲人的痛苦时才会真正理解这一点。他们意识到，当听到与逝者相识的人也为失去他（她）而感到难过，并向自己表达慰问之情的时候，内心会充满感激。

所以，你到底该说些什么呢？

你的职责并不是让这个人开心，或者说服他（她），他（她）可以处理好这件事。你的职责只是提供情感支持。

有一条很好的经验法则——不要做什么保证（比如"时间会治愈一切"或者"你父亲现在去了更好的地方"），也别发出什么指令（"珍惜你拥有的时间吧"或者"她也会希望你幸福")。

安慰人的话语可以很简单：

对你的损失，我感到很难过。
对你和你的家人来说，我知道这一定是段艰难的日子。
我一直在担心你。
……

人们经常会说："我知道你在经历着什么。"

也许，你以为自己确实如此。但是，连那个悲伤的人也许都会因为太不知所措而并不了解自己正在感受或经历着什么，你又如何知道呢？

而如果你说："我都无法想象你正在经受着什么。"却能表示你意识到了损失的严重性。

让那人知道你将怀念逝者，或者会记住些什么，也是可以接受的。比如，"你妈妈脸上总是挂着微笑，我会想念听到她笑声的日子。"

不要预测这个人什么时间会感觉好些，但是如果可能，可以分享一些你自己的经历。比如，"去年，我失去了我的父亲。每到节假日都挺难熬的，但是，日子一久就好些了。"

如果你想使用一张表达同情的商务卡片，那也可以，但是，要加上一句手写的、比较温情的话——如果只是简单地签上你的大名，那就太没人情味儿了。

进行困难对话的好处

正如你看到的，无需避免或者害怕那些困难的谈话，你可以用一些WAC语汇、语言及非语言技巧来帮助自己进行各种困难的对话。

无论是你要训诫一位员工，还是告诉自己的密友——你今年不想和他们一起度假了，了解如何处理各种困难的对话，将会赋予你更加自主的能力。

以往你用于害怕、逃避，或者担心、纠结的时间，现在都可以用来做更有创意（或建设性）的事情了。

Chapter 15

当你成为冲突的一方时

到现在为止，在各种困难（或对抗性）的谈话中，你已经很清楚如何有礼、有力地应对自如，也了解了应该如何面对他人——无论他（她）做出了怎样的反应。

但是，如果你就是那个困难对话的人，又该怎样呢？

相信我，这种事情肯定会发生——即使是有礼、有力的人，也可能会意外犯错，或者做出让别人厌烦的事情。

是的，别怀疑，有时候你会去做些令别人觉得厌烦、无法接受，或具有冒犯性的事情。也许，当时你的脑子里根本没概念；也许，你会大吃一惊："什么？我吗？"

也许，你会被某人要求私下和你进行沟通，或者，有人要给你一些反馈意见，或是关于你的工作表现，或是关于你的某些私事。

又或许，你就是那个穿着纽扣没系好的衬衫或是裤子拉链开了的人。

请放松！我们都需要获得别人的反馈意见才能得到成长。对每个人来说，具有建设性的批评或者诚实的反馈都是很有帮助的。

你遇到过无法接受别人批评的人吗？通常来说，这些人都挺令人讨厌的，因为你不能告诉他们任何事情。

从个人角度来说，我宁愿知道自己做了什么招别人厌烦的事情，也总好过对此一无所知。如果有个客户突然把我甩了，我一定想知道原因——或许是由于他们的培训需求和预算发生了变化。

但是，如果是因为我自己做了什么事情而导致业务流失，那么，找到原因对我来说就至关重要了。我尤其想知道——是否是因为某次我忘了系好上衣的纽扣，从而令对方对我印象不佳呢？

当你面临困难的沟通时，需要知道什么

这世上所有人都会犯错，你也并不是完美的。对你来说，如果接受这一点是个问题，那么，现在，你就需要开始了解它。

如果你当众出了丑，别太在意，并保持微笑

每个人都会"冒傻气"，有谁不是这样吗？

有时，即使是多么风度翩翩的人，也会踩着一片厕纸走来走去，或者牙缝里塞着菠菜，或者自己把自己绊倒，或者发生其他尴尬的事……

在你身上发生了什么并不重要——重要的是，你如何应对已经发生的事情。

在一次大型研讨会上，我戴着无线麦克风发言。中场休息的时候，我去了趟洗手间，但那时麦克风还开着呢！

有位女士立刻跑进洗手间告诉了我，但这时候已经太晚了！

我不得不返回会场。但是，你要如何回到一个有六十名观众的会场？刚刚，他们都听到了你在厕所解手的声音。回去就好了！我其实只有一个选择——我要自嘲一番。

我走回会场，脸上的表情极为严肃。我说道："有个理论是这么说的——你必须有一次重大的情感体验，才能改变自己的行为。"

我停顿了一下，然后说："好吧，女士们、先生们，我刚刚经历了相当重要

的一次情感体验——只要我活着，我永远，永远都不会忘记关掉麦克风。"

整整一屋子的人顿时哄堂大笑。

当然，那时我感到很尴尬，但是，因为我处理得既幽默又有风度，这种状况反而帮助我与观众们建立了更融洽的关系。

而如果我假装什么都没发生，恐怕情况会更糟。

你需要他人的反馈，从而让自己进步

通过工作评估，我们可以了解自己的表现如何。即使你可能并不想听到自己做错了什么，但也应该知晓实情，好让自己做出调整。

当你在接受批评、反馈意见，或者成为"被沟通"的一方时，这些就是你应对的一般性原则：

1. **不要充满戒心。**

当你面对批评性的反馈或者"被沟通"时，充满戒心和防御意识是最不具建设性的反应。我知道这可能很难，但是，你最好保持开放的心态，聆听对你的批评，接受你可能无意间冒犯了他人的事实。

如果你不倾听并且接受这些，你可能会在憎恶、不安全感以及防御心态的风暴中摇摆不定，这太让人痛苦了。

在每次研讨会结束时，我都会发出"参加者反馈卡"，偶尔，我也会得到负面的评价。

我曾经想："哦！不！他们恨我。或许，整个研讨会就是个定时炸弹。"但是，情况根本就不是这样。

随着时间的推移，我已经学会不再去按动脑海中那个"惊慌失措"的按钮，而是去考虑那些反馈意见，并从中借鉴、学习。

我已经学会综合看待不好的评价以及好的评价。我总是会认真地考虑自己得到的反馈，毕竟，如果它能帮助我把未来的研讨会做得更好，我就会全力支持它。

梅根是一家网站的体育博主。在依旧被男性主导的体育领域中，作为为数不多的女性博主之一，仅因为她是女性，就会常有人质疑她的体育知识。不过，有时候，质疑也并不都集中于她的女性身份。

"我最终意识到，并非所有的评论都是出于性别歧视，"她说，"有时候，这些批评也有道理，实际上，我可以从中学习到很多。他们让我一刻也不得闲，让我始终保持活力。他们中有些人已经成了我忠实的读者，有时候，如果我言之有理，或者写了一篇特别好的博文，他们也会留下积极的评论。"

2.弄清反馈和批评的来源。

如果你有50张评价卡，或者博客评论说："你做得太好了！"却只有一人说："你太无聊了！"我该怎么想呢？

如果这个人并没有给出原因，我根本就不会留意他的评论。根据我的经验，也许，这是因为我长得像他的前妻或某位好友。但是，如果这个评论很具体，涉及研讨会的内容或我的演讲方式，那么，我就会认真考虑这一反馈。

我会问自己："这个给予我评价的人是谁？他（她）是位专家还是个普通人？这个人知道他（她）在说什么吗？"

如果这个人是专家，这一反馈就是份礼物。你很幸运能得到那么高素质的人给予的意见。是的，如果有位专家能给我一些反馈，我会认真地考虑那个人的意见。

从我在演讲中犯的错误里，我的演讲教练发现我来自东海岸地区，于是她为我提供了一些重要的反馈意见。没有它们，恐怕我还会在演讲中一直犯那些错误——它们可能只是小毛病，但是，这些小毛病也会让你的形象和声誉大打折扣。

如果批评你的那个人是个蠢人该怎么办呢？

如果那人是个蠢人，我是说他是个真正的傻瓜，那么，就对他表示感谢，然后，把这些反馈在你的脑海中暂时搁置起来。

3.这是一个孤立事件吗？

曾经，我收到过这样一条评论："芭芭拉，你永远都不该穿坡跟鞋——这使你的脚踝看起来很粗！"在我做过的2100场研讨会中，我只收到过一次这样的评论！

其实，更可能的情况是，这条评论与评论者的审美眼光关系更大一些，而与我脚踝的尺寸并没什么关系。

然而，如果你开始得到来自更多人关于相似事件的反馈，那就意味着——这则评论有一定的真实性，而你应该认真地考虑他们的评论。

如果你认识且尊敬的三个人都告诉你："你的语速太快！"那么，你最好坐下来思考一下——或许他们的话是对的。

4.考虑一下别人会如何处理这次对话。

最可能的情况是，你不仅会"被沟通"，而且，还会被那些不具备你拥有的技能的人所攻击。

换句话说，你会在对方面前毫无办法。但是，你并不是无助的。在掌握了本书中的技能之后，你可以有许多种方式挽回局面，并有礼、有力地做出应对。

如果对方有下列情况：

·那个人具有攻击性。

如果你对一个人大喊大叫或挥舞拳头，你就不可能期望他会平静地与你讨论问题。反过来也一样。某人也许有必要与你妥善沟通，但是，他不应该具有攻击性或者态度粗鲁。如果有这种事情发生，你可以说："我很想听听你的想法，但是，如果你一直冲我嚷嚷，那我什么也听不见。"

·这个人很消极。

如果这个人不停地向你道歉，那么，不妨告诉他（她）不用感到抱歉："你只需告诉我发生什么事儿了？"

·这个人的W和A都很不清晰。

如果你觉得这人所说的W和A都很不明确，而且，你也不清楚自己的哪些行为让他厌烦了，你就可以要求他澄清。

你需要了解这个人的W和A。你可能会经历一段难熬的时光，以理清自己的思绪，并了解究竟是什么让你心烦意乱，你的要求又是什么。也许，对方也有这个困难。你可以将他说的话重新解释一番，再向他重复一遍：

"还是先让我弄清楚，你是说当我评论你的女朋友时，你觉得我的意思是她是个傻瓜？"或者："我明白了，你是希望我把脏衣服放进洗衣机？"

……

你的反应

通常情况下，无论你是否赞同他（她）告诉你的内容，或者他（她）说话的方式，你都得对那个人做出反应。以下的这些原则，可以帮助你控制好自己的反应：

1.如果是你错了，请道歉。

"你说得对！"这句话无论是对于解决冲突还是弥合受损的关系都很有效。但是，不要过分地表示歉意，或者为自己找借口。

如果你犯错了，一句发自内心的、真诚的"对此我很抱歉"就足够了。如果你错了，就不要再为自己的行为找借口。如："哦，你看，我没睡好，我弟弟住院了，假期又快到了。"如果一味地找借口，你看起来就像个死不认错的傻瓜。

我还记得一个记者的故事——他通过伪造访谈内容而拿到了许多创意许可证。被人发现后，他便在一份报纸上发表了一份充满借口的声明："我的妻子生病了，我一直压力很大……"

读到那份声明时，我心里想："如果你只是说——'我犯了个错误，我错了'，可能我还会尊敬你一些。"

2.为什么不照他（她）的A做呢？

如果那个人要求的并不是什么大事，或者你其实并不介意，那么，为什么不去做呢？

如果你总是把盘子放在水槽里的行为简直让你的伴侣发疯，那么，为什么不把盘子放进洗碗机呢？

即使是简单的举动，对保持健康、快乐的关系也会很有效。

3.如果你不同意，可以讨论一下那件事。

如果你确实不喜欢这个人所表达的A，那么，我建议采取另一种方法——解释一下你的感受，以及你认为怎么做才最可行。

4.你可以要求那个人以后用一种不同的方式处理问题。

如果这个人没有以正确的方式与你沟通，可以请他（她）以后改变这种行为方式。

例如，"从现在开始，如果你对我有意见，请直接来找我。我宁可立刻解决问题，也不愿意让事情发展到这种程度。好吗？"

5.如果这个人的权力比你大，你可能就无法讨论这件事。

如果这个人是你的上司或主管，除了同意，你可能别无选择。

我并不是在说道德问题，比如，有人让你做一些你认为并不正确或合法的事。我说的是那些实际问题——如果你的上司想要你按照一定的格式写报告，即便你认为其他格式更漂亮，但是，要明白，他（她）才是领导，你恐怕还是要按照他（她）的方式做。

6.保持积极的非语言行为。

试着将你的双臂敞开。

当你感觉受到威胁时，双臂交叉是一种很自然的防卫机制。但是，你并没有受到威胁，那还是请将双臂展开吧。

开放性的肢体语言意味着你抱着开放的心态，愿意去聆听其他人的想法——这也会使你看起来有礼、有力。

也不妨试着调整自己的面部表情，不要总是皱着眉头，或对人怒目而视——试着保持一种更加平和的面部表情。

7. 聆听。

当你被WAC时，最重要的事情之一就是去聆听。当你WAC别人时，你希望他们能听你讲话，并认真对待你。反过来，你以同样的方式对待他们才是正确的。请复习我在第九章中对如何成为很好的倾听者给出的提示。

8. 如果你感到沮丧，请振作起来。

也许，你会感到措手不及，也可能会有些情绪化——这种事情会经常发生。如果你觉得自己快要哭了，或感到非常沮丧，或者害怕自己会生气，你可以请求离开一会儿，找个安静的地方，让自己振作起来，告诉自己——你可以恰如其分地应对这一切，然后，再回去继续讨论。如果你还是觉得很难受，可以请求换个时间再谈。

如果你获得了什么反馈，或者成了"被沟通"的一方，请试着保持开放的心态，不要害怕看到自己的缺点。

我们每个人都有缺点和不足，而如何应对它们才是最重要的。

通常，那些防卫性很强的人，或者那些根本不能接受任何忠告或建议的人，才是令人厌烦的。

第二部分总结

你已经了解到许多内容，并吸收了许多重要信息。让我们喘口气儿，重新复习一下。在本书的第二部分中，你学会了如何：

正向沟通：非暴力人际沟通技巧

1.进行WAC沟通而非攻击。

现在，你可以以一种快速、有效的方式整理自己的思路和措辞，从而应对社交冲击或者困难的对话。

你知道如何具体地形容那些困扰自己的事情，以及要求别人怎么做。

你可以使用自己的WAC卡，直至你能独立、轻松地组织好自己的语言。

2.在冲突中，如何与他人互动。

你可以与他人协商，看看你要求的是否可能实现。如果你有不同意见，应该与别人讨论。试着想出一个双方都能接受的方案。

如果他人不能做到有礼有节，你也知道该如何应对——不论你有多不想这么做，还要保持有礼、有力的言行。

3.使用你的语言和非语言技巧，帮助自己进行正面沟通。

你已经了解到：那些自我贬低的语言、负面的词汇以及糟糕的措辞，足以削弱你与他人沟通的力度。

在非语言方面，控制好你的肢体语言、语气、面部表情等，对建立良好的人际关系同样重要。

4.选择如何与这个人沟通。

你可以选择通过面对面的方式、书面的方式或通过电话与某人沟通。通常，最好的选择是面对面地进行交流，当然，如果条件有限，你也可以通过书面形式或电话与对方沟通。

5.在其他困难的谈话中，你同样应保持有礼、有力。

这些困难谈话有：提出批评意见，提出额外的建议；给出坏消息（或负面的消息）；表达悼念或同情。

不要试图避免进行这些对话，也不要为它们担忧。

采用你掌握的WAC沟通方法，并使用你学会的语言及非语言技巧。

PART 3

没有冲突的生活

Chapter 16

在生活中如何避免冲突

在本书的第二部分，你学会了许多帮助你处理矛盾冲突的方法。当然，当你能够保持风度且自信满满地应对任何困难的对话时，就会知道那种感觉到底有多好——即使你目前尚未感觉到，但不久后就会发现。但不论怎样，当我们谈到人际冲突时，有一种情况是最理想的——从一开始就不要陷入困境。

当然，现实中，没有人能够毫无冲突地生活。但是，你确实可以让自己的生活朝着"更多理解、更少冲突"的方向发展——无论是在现实生活中还是在网络上。

我见过许多人，他们都能从容不迫地掌控自己的工作和生活。相信你也能！

事实上，你已经开始朝着"零冲突"的目标努力了。

当你学会（并持续练习）了与他人充分沟通，而不是攻击对方时，就已经朝着积极的生活方式迈出了第一步。你迈出的另外一步，就是学会（并且练习）进行有效的语言及非语言沟通。还有，就是学习如何处理困难的对话。

瞧，你几乎都已经做到了。

避免造成冲突，以自尊、善良、豁达的心态对待他人，将会使你离目标更近——如果你采用了那些积极的行为，就能与他人建立和谐、融洽的关系。正如我在本书中描述的，许多改变都可以减少你的生活压力。

学会建立融洽的人际关系其实很简单，但它对你的生活产生的积极影响却是深远的。当你能与他人以积极的方式保持沟通时，就会对周围的人感觉良好，而且也会对自己感觉良好。反过来，对于与你交往，别人也会同样感觉良好。

"融洽"对你意味着什么

那么，在我们的讨论中，"建立融洽的人际关系"对你来说究竟意味着什么呢？在《美国传统辞典》中，"融洽"一词的定义是："一种关系，尤其是一种相互信任的亲密关系。"

这听起来不错哦！不过，还需要加入更多的信息。于是，我增加了以下的内容："部分通过践行良好的礼仪来实现。"

我还要区分"微小的融洽关系"以及"重大的融洽关系"。

对杂货店的收银员说"你好"，是"微小的融洽关系"的例子——你很可能并不想与他（她）建立长期关系，但是，为什么要对他（她）友好呢？因为这通常会令你的结账过程更愉快。

"重大的融洽关系"有可能是与某位邻居（或在展会上结识的人）进行对话。你希望与这个人产生持续性关系，或者，希望把他（她）添加到你的领英联系人中。

请记住，无论是建立微小的还是重大的融洽关系，它们对你都很重要——两者都会影响你的生活品质，并降低你生活中的冲突频率。

当你对杂货店店员或你的邻居很友善时，更可能的状况是，反过来，这些人也会对你很友善。

对礼仪的关注

因为良好的人际关系需要良好的礼仪技巧，所以，在本章中，大部分内容都是关于礼仪技巧的，虽然细微但都很具体。

没错，你的礼仪规范中包括要说"请""谢谢你"。当然，"谢谢你"这句话并不新鲜，这也不是我们要学习的重点，我们要学习并使用有礼、有力的语言，以及其他很多种礼仪技巧。例如：

·优雅、有风度地自处，并具备良好的幽默感。

在当今世界中，这些品质已经越来越少见了。

·与同事、邻居和偶遇的人保持良好关系。

·与自己不认识的人和谐相处。

·与那些与你有工作关系或私人关系的人建立更好的沟通氛围。

融洽的人际关系的好处

了解如何建立并营造与他人之间的融洽关系，在生活中将帮助你避免许多潜在的冲突。而更少的压力与更少的冲突，将是你体会到的最主要的好处。此外，还有其他好处：

你将能更容易地与他人交往。

在有可能会令人尴尬的环境下，你能感到很有信心，并可以和任何人聊天，而大家也都喜欢有你在场。

我知道，这一切听起来太容易了，简直不像是真的——通过良好的礼仪技巧而实现的融洽关系，怎么会为你的人生带来这么多不可思议的事情呢？

相信吧，但确实这是真的！

礼仪技巧是无价之宝。

其实，我们中的许多人都不了解现代礼仪规范。

我们之所以会把情况弄得更为复杂，是因为许多人并不知晓有些礼仪规范已经发生了变化——正是知识的匮乏造成了问题、争议、误解，有时，甚至是严重冲突。

如果学会了这些礼仪技巧，在你的生活中可能出现的冲突就会比现在少很多。甚至，有一天，你会发现——自己"冲突温度计"上的数值几乎为零——原因很简单，你得到了自己所付出的东西。

你如何对别人，别人就会如何对你。要记住的一个重点是，如果你善待他人，他人也会很难对你恶语相向。

建立融洽关系的十二个简单方法

以下，是你需要学习（并练习）的十二个提升生命感受、营造和谐关系的技巧。

在这里，我描述的十二种方法看起来可能都是小事一桩，但是，从整体上看，在我们与别人发生联系时，它们能起到重要的作用。

你可以阅读本章，然后，把书放下，在现实生活中试着运用它们。

是的，你需做的是——记住它们，并把它们应用于你的生活中。

一、主动和他（她）打招呼

这一个技巧是最简单也是最强大的：主动和他（她）打招呼，说"你好""早上好""你好吗""再见"……

许多人都很吃惊，没错，这就是清单中的第一条。

对于那些怀疑者来说，一句"你好"或者"早上好"看上去太简单或者太渺小了，但是，这一条名列第一可是有原因的。

要知道，不主动说"你好"或者"再见"，也是冲突产生的一个重要来源——没有谁喜欢被人忽视的感觉。

克劳迪娅告诉我，一次，下班后，她正和同事们一起喝咖啡。有位刚进公司不久的女士去了洗手间，然后，甚至没有和大家告别，她就自顾自地离开了酒吧。

克劳迪娅觉得这种行为很粗鲁，后来，她还发现，同事们都在议论那位女士，认为她的行为有些不礼貌。

当你见到熟人或是刚认识的人时，你都应该看着他们的眼睛，然后说点什么，比如："你好""早上好""你好吗"……

长久下来，你与他人之间就会建立一种和谐的人际联系——这就好像你在说："我看见你了，你已经成为我生活的组成部分了。"

当然，你也没必要像只鹦鹉一样整天重复说"你好"，但是，当遇到认识的人时，跟他（她）打个招呼也是一种必要的礼仪。

对那些从不和你说"你好"的人，你会有什么感觉？

最近，我做了个血压测试。在测试过程中，医生一直和我聊个不停。他问我是什么职业。我说，我在公司里面讲授社交礼仪。医生说："请教教我的助手吧，当我对他说'早上好'的时候，他应该有所反应。但是，他却总是毫无反应，这都快把我逼疯了！"

当其他人没有问候我们的时候，我们确实会感觉不快，但是，这种情况却一直在发生。

是的，或许，你不喜欢那些不和你打招呼的人。而实际上，你还很可能会做出消极的猜测——认为他们粗鲁无礼、不友善，或者自以为是。然后，这种情况就会使你也不对他们以礼相待。

有时候，当我需要告诉某人要和别人说"你好"时，我自己也感到很诧异。我是这么说的："如果有人对你说'你好'，你也要和他说'你好'，这是人之常情。"

当然，我说的不是在一条漆黑的巷子里遇到可疑的人的情况——在那种情况下，你恐怕连"再见"也不用说，撒腿跑就好！

而在其他时间，当你处于安全而舒适的环境中时，对别人说"你好"是很自然的。

抬起头！

在问候别人的时候，通常，你和对方要有目光接触。然而，在当今这个一边走路一边收发信息的世界里，许多人总是盯着手机，结果，就错过了问候他人。

要知道，你在赶去面试的路上遇到的某人，你在销售会议上问候的某人，也许正是那个将要面试你的人（或你推销的产品的潜在买家）——通过这种方式建立"微小的融洽关系"，将会帮助你拥有一次成功的面试或机会。

一位传播学教授曾告诉我，当她走在教学楼那条拥挤而狭窄的走廊上时，常会时不时地提醒学生们抬头向上看——因为他们总是盯着自己的手机屏幕，几乎会撞到她。

问候你身边的人

当人们说"早上好""祝你愉快"或者"你好吗"时，无论是什么样的公司或组织，其整体氛围都会被改变。

你并不一定非要认识某人，才说一句简单的、令人愉快的"早上好"。

正如我在前面提到的，建立"微小的融洽关系"是非常重要的。

如果搬到了一个新社区，见到了马路对面的新邻居，你要怎么做呢？你会说"你好"，还是挥挥手？

有人告诉我说，自己并不会主动问候邻居——因为不想找麻烦。

说句"你好"，并不是给你找麻烦，它只是让你更有礼貌罢了。问候某人并不意味着你要邀请他（她）共进晚餐（当然，你也可以这么做）。它只意味着你意识到了身边人的存在，而且，你是个令人愉快的人——这会有什么不好呢？

正向沟通：非暴力人际沟通技巧

问候你的同事

下面这个故事会告诉你，如果忽视了自己的同事会发生什么事情。

有个公司请我给他们的销售人员教授果断、自信的沟通技巧。在那一整天，有不少行政人员都抱怨说，当销售人员（他们往往都刚从销售现场回来，并不认识行政人员）走进咖啡间时，根本不会理行政人员。然而，当销售经理一走进房间时，他们就都会和他打招呼。

行政人员感觉受到了侮辱，他们非常生气："难道我们就不配得到一句'你好'吗？"于是，当有位销售人员需要人帮忙完成一些工作时……

好了，后面的故事你就知道了。

还有一个故事。

在每天开始工作时，一位在大企业工作的临时工总会问候别人，尤其是从她身边经过的员工。几周之后，有人走过来对她说："你待人真友善，把你的简历给我吧。"原来他就是人力资源部的总监。

两周之后，这位女临时工得到了一份永久的全职工作。现在，她常会对别人说："因为我说了'你好'，所以才得到了这份工作。"

与陌生人建立融洽关系

在公共场所，通过一句简单的问候，你就可以与陌生人建立融洽的关系。好吧，这次我说的依旧不是在一条漆黑的小巷里。在银行或者杂货店排队时，你为什么不说上一句"你好"呢？

我几乎定期去镇上的邮局。最近，邮局来了一位新职员，我对他说"早上好"，他却吃惊地看着我。

"哦，你早上好啊！"他也说道。看得出，他很高兴我跟他打了声招呼。

尽管我很可能不会和他建立亲密的私人友谊，但是，我却经常要去邮局，

Chapter 16 在生活中如何避免冲突

而他是我当天生活的一部分。

慢慢地,他认识了我和我儿子。他总是刻意地保持愉快,当我把寄货单弄得一团糟时,他就会表现得十分善解人意,并很愿意帮我。

一旦你尝试这种友善的策略,就能体会到它的好处。请试着保持一种和悦的表情——微笑,然后说"你好"。

可以试试看!它能为你创造愉快的心情发挥意想不到的作用。但是,请记住,如果你在打电话的话,要想与别人建立融洽的关系几乎是不可能的。请把电话放下,面对面用心地去与人交往。

二、介绍别人

介绍别人,是另一个重要的建立融洽关系并避免冲突的方法。

这看起来也很简单。但是,令人诧异的是,这么简单的事却经常会被搞砸。

当人们走进房间或者加入对话却没有介绍彼此时,就会造成许多尴尬和不必要的紧张。在我看来,人们之所以妥善地介绍彼此,主要出于以下三种原因:

1. 他们没有意识到这是自己的责任。
2. 他们不知道怎么介绍才得体。
3. 他们忘了那个人的名字。

在职业或者商务场合,介绍别人的正确方式是首先介绍那个重要人物或者职位更高者的名字,无论性别如何。如果你不清楚谁的职位最高,那么,可以选择那个你想恭维的人,先介绍他(她)的名字。

而如果你忘了某人的姓名,承认就好。我们都遇到过这种事儿。在令人尴尬的情况下,你可以通过说上一句彬彬有礼的话来缓解自己和他人的不适感。例句可以是以下内容:

很抱歉,我忘记您的名字了。

真对不起，我想不起您的名字了。

我认得您的脸，但我脑子里一片空白。

我想我知道您的名字，但烦请提醒我一下。

不要为你的失态做过多解释，如："我不记得您的名字了，这是因为我太忙了，昨晚上睡得太晚了。"这种事会发生在任何人身上，人们能理解它。

当做了恰当的介绍时，你就会让他人感到舒服，在建立融洽关系并减少冲突的过程中，这是十分重要的一步。

必要时，还可以介绍一下自己。

一次，帕特里克和同事一起去开会，他的同事坐在了副总裁身边的空位上。几分钟以后，帕特里克看见同事问候了副总裁，并同他握手，两人还聊了一会儿，看样子两人已经相识了。后来，帕特里克走到同事身边说："我还以为你不认识副总裁。"

"我不认识，"他说，"但是，我决定先做个自我介绍。"

是的，结果，他与公司里的一位重要人物建立了联系。

三、要与每个人握手

一个容易造成误会的问候方式与美国的一种握手传统有关。根据人们握手的情况，我们会去判断他们，并对他们做出假设，而且，常常就会导致冲突。

乔安就对她未来的姐夫做过某种假设。当她第一次见到他时，他并没有向她伸出手。

"我马上就做了个假设，"她说道，"他肯定有性别歧视。"

然而，事实上，他并不是性别歧视主义者，而最终他们俩也成了朋友。但是，如果那是他们唯一的见面机会，又会怎样呢？她会做出关于他的种种假设，而且，那将是根深蒂固、很难改变的。

她可能会对他感到很反感，直接从他身边走过，而他却完全不明白她为什么看起来很想从他身旁走开。

女性也常常会基于与其他女性握手的方式对她们做出判断。

有位女士是这样评价另一位女士那软弱无力的握手方式的："我立刻对她失去了敬意。"

男人也会做出判断。

我听到过有的男士抱怨，说其他男士在握手时力度大得就好像能把骨头压碎一样，那就好像是"在向我炫耀他有多厉害一样"。

握手时，那些绵软无力的女士，以及那些力大无比的男士，未必就是软弱的人和欺负别人的家伙。也许，他们并没有被传授过适当的握手礼仪规范。许多人正是由于对此不了解，在握手时，不是显得太柔软就是显得太坚定。

而由于有不止一种的握手礼仪规范，即社会行为和商务行为都有它们自己的规范——这又会让人们变得困惑不已。

那么，什么时候适合握手呢？

社会礼仪与商务礼仪

以下的例子，很有代表性：

一位高级副总裁去和三位男士、一名女士一起开会。三位男士起身站立，一一与副总裁握手。而那位女士并没有站起来，也没有伸出她的手——她只是点了点头。

你会对这位女士做出哪些假设呢？

也许，你会与大多数人一样得出这样的假设——女性并不是这个集团中被平等相待的一部分。

根据我们的观点，对于这件事，我们可以责备那位男士或那位女士。然而，他们每个人好像只是遵守着约定俗成的"正确社交行为规范"——许多男士，包括年轻及年长的男士都被教导要等女士先伸出手。而当女士被介绍给他人时，许多女士则被教导无需站立起身。

我也被教导过这些规范。许多年以来，当我在被介绍给他人时，都不会站起身来，也不会向男士或者女士主动伸出手。但最终，我意识到，这种行为阻止了我与他人建立更融洽的关系。

正如你从上面的例子中看到的，当某些特定的社交规范被带到工作场所时，就会很容易发生冲突和矛盾。

从前——不幸的是，这指的是我小时候，在职场中女性不多，在商务场合上，男性和女性很少会产生互动。

然而，当职场中的女性越来越多时，社交礼仪规范也就被带到了职场，许多男士和女士却继续遵循着社交场合的礼仪规范。

时至今日，社交礼仪的规范已经不再适用于商务和专业的场合。

如今，我们不再依据性别来做采用何种商务礼仪的决定，而是根据职位以及主人/客人的身份来决定采用何种礼仪。

关于握手的新规范是，身份更高的人首先伸出他（她）的手来迎接其他人。我们可以等待那些级别高的人片刻，如果他（她）没有伸出手，那么，你可以伸出你的手——关键在于一定要握手。

在商务或者专业的场合中，在握手时，男性和女性都应该保持站立。有时候，你可能会措手不及，没能及时站起身。在那种情况下，你可以身体前倾，表示你知道自己应该站起来，而且，如果可能的话也愿意站起来。

最近，一位年轻女士问我："女性是什么时候开始握手的？"

我回答说："每个人，无论性别如何，都应该握手。"然而，仍然有许多女性从来不遵守这个行为规范。

还有些女性，在与男性握手时感觉很自然，但是，与女性握手时则不是。

当我走向一位女士并伸出自己的手时，她们经常会有些吃惊——通常，她们并没有准备好对我的问候做出任何回应。

一位创意总监被告知——她获得了一份新的职位——原因是在面试开始和结束的时候，她都与面试官握了手，这使她看起来充满自信，而且很专业。

当与竞争者其他条件相当时，她的这个行为就变成了有利于她的决定性因素之一。

别太用力，也别太无力

在美国，握手是一种适当的商务礼仪。在商务活动中，如果你希望被认真对待，就必须握手，而且，要握得恰如其分。

为了正确地与人握手：

1. 说出你的姓名并伸出手。
2. 伸出手时，大拇指朝上，保持一定角度。
3. 握手应该坚定有力，但力量不要过大。

在说"你好"以及"再见"时，都要握手。

当然，也有特例。比如，有些人患关节炎，或者，由于文化的原因无法与他人握手。如果是这种情况，你只要说一句"我很抱歉，我不能跟您握手"就好了。

在社交场合时怎么办

在社交场合中，女士是否应该主动伸出手并与人握手呢？

这是个好问题，但是，回答起来却并不容易。因为越来越多的女性已开始进入职场，并将握手的规范带到了社交场合，那些旧的社交礼仪也有了一些发展、变化。不过，世界各地仍然有大量的非职业女性，她们不知道该在何种情况下与人握手，她们宁可一直坐着。

通常情况下，在社交场合中，我们的问候总是更私人化一些。我们经常拥抱自己熟识的人，并与他们亲吻。不过，许多女士和男士可能更喜欢以往的方式。

所以，我的原则如下：从你所在的环境以及身边的人中找到线索——不要因为某人的问候礼仪与你的不同，就自动地假设他（她）是个傻瓜。

在社交场合中，当遇见新加入者时，我认为女性应该站起身来并与之握手。

礼仪就像是舞蹈，不过，它并非每一步都像是为你计划好了的华尔兹。所以，你要跟着它的律动不断进行自我调整。

四、未经许可，不要称呼对方的昵称

与前面三条相比，这条很简短，但却很重要。

对于别人如何对待自己的名字，许多人都很在乎。如果你用他们不想被称呼的昵称问候他们，有些人就会觉得受到了冒犯。

也许，你不在乎别人叫你罗伯特还是罗伯，珍妮弗还是珍，但是，有些人确实很在意。

有位男士告诉我，为了确保别人不叫他的昵称，他会"先发制人"——当他问候别人时，就会伸出手说："我叫理查德，请别叫我迪克！"

一位技工告诉我，其他人总是叫他"哥们儿"或者"伙计"，这让他觉得受了冒犯。

我有个朋友名叫查尔斯，他不喜欢别人叫他扎克——他把这种情况称为"未经授权缩短我的名字"。

在你看来，尽管这可能是无害的，但是，如果你这么做，人们可能就会变得很不安。事实上，查尔斯确实不会与叫他"扎克"的人交往。

为什么要冒着冒犯他人的风险，称呼别人的昵称呢？

如果这个人有一个比较长的名字，就很可能被人用昵称来称呼，比如，用帕蒂代替帕特里西亚，鲍勃代替罗伯特……请问问那个人，他（她）希望别人如何称呼他（她）。

如果因为别人叫你的昵称，你想与他（她）WAC一番，只要简单地给出你的A就好了："我希望别人叫我帕特里西亚。"

五、了解新的礼仪规范

主动帮助他人是社交礼仪的另一种体现，但在工作场合中，如果使用不当，也有可能会造成冲突。

以往，通常是男士为女士帮忙，比如为女士开门、让她先点菜、帮她支付账单、帮她把椅子拉出来，以及帮她脱掉外套等。

但是，与问候别人的礼仪一样，在工作场合中，帮助他人的礼仪规范也发生了很大变化。

如果一位男士帮助女士脱下外套，为她支付商务午餐的账单，在参加董事会议时替她把椅子拉出来，等等，他所创造的就是一位需要被照顾的、依赖别人的女士形象。

在当今的职场，如果女性希望自己被视为有能力的、可信赖的、强有力的人，那么，这并不是她们想要的形象。

既然在商务场合或者职场上，女性不应期望男士为她们做那些事情。那么，在社交场合呢？

好吧，在社交场合，你的选择也不再受严格的"可以"和"不可以"指导了。没错，这确实有些令人迷惑。正如我前面解释的，你可能会身处社交场合，但大家却在遵守商务场合的礼仪规范。

在夫妻关系中，通常，"帮助他人"的礼仪会让双方感觉良好——我喜欢我丈夫帮我脱下外套，他也喜欢帮我脱外套等。我们就是这么做的，这是我们的选择。

然而，在商务场合中，我并不期望男士帮我脱下外套，或者为我开门，除非我双手都腾不开。这就把我带到了"助人礼仪"的关键所在——无论性别如何，我们都应该遵照一条简单的原则——"帮助那些需要帮助的人！"

如果有位男士没法轻松地将手臂套入外套中，女士该怎么做呢？只是站在一旁嘲笑他或者忽视他吗？当然不是——她应该帮他穿好外套。

有好几家投资公司都希望保罗能去当区域总监。一次，面试结束后，有位参加面试的副总裁帮助保罗穿上了他那件厚重的外套。保罗说，正是这个举动让他对那家公司情有独钟。

应该与帮助你的人进行沟通吗

如果你有位总是坚持帮助你的同事，你觉得不需要被那么殷勤对待，那么你可以选择与这个人进行一番沟通：

你的W（什么事情困扰到你了）："我知道你是出于好意，不过，你总是为我开门、帮我拉椅子、帮我脱外套、午餐时为我埋单，我觉得这会造成我很依赖你的印象，或者，让别人觉得我不会照顾自己。"

你的A（你要求那个人怎么做）："未来，如果我需要帮助，我会跟你讲的。"

你的C（与那个人确认一下）："这样好吗？"

你也可以调整一下自己的WAC措辞，把它变得简短一些。

我更喜欢这种方式："谢谢！我很感谢你提出帮忙，不过，我想我自己能搞定。"

"但是我坚持！"

在商务场合，有些男士希望依旧遵守社交礼仪。这可能也不错，他可以不时地表达礼貌和善意。不过，如果你是男士，请注意不要做得过分——如果你总是帮一位并不想得到帮助的女士，很可能，你就会陷入冲突之中。

六、学会与人聊天

在说了"你好",被介绍与他人相识并且握手之后,接下来该干什么呢?如果你希望与自己不认识的人建立某种关系,就应该设法让那个人参与到对话中来,即使你觉得自己并不擅长聊天。

是的,也许你会害羞。

在我们的社会中有个不太好的现象——有时我们会对害羞的人做出刻薄的评价——他(她)太傲气了或他(她)觉得自己有多重要啊!

而现实的情况却是,这些人就和他们身边的人一样不知所措,无从聊起。

如果你是个害羞的人,或者容易口齿不清,就应该挑战自己,并克服这种状况。与人聊天的能力是获得业务发展的关键技巧,对日常生活也很有帮助。所以,它能帮助你建立并保持融洽的关系。

我认为,自己被研究生院录取是因为成绩优秀,不过,我与系主任的秘书建立的融洽关系对我的入学也有所帮助。我们聊了几次之后,她对我说:"我保证让系主任看到你的论文。"

如果你并没有能说会道的天赋,还是可以用其他方式进行弥补。相信我,我见过口齿不清的人是如何学会与人流畅地谈天说地的。

与人聊天的能力是一种可以学习的技巧,我对你有如下建议:

1.通过提问吸引别人,并创立一种双向的对话。

2.适当的时候,提及上次你们两人见面的情景。

3.试着找出对方的兴趣所在。

4.留意你使用的流行语或者表达方式,其他人有可能并不理解。

5.避免那些可能产生争议的话题,如政治、宗教、道德和类似问题。

我并不是说,你只需要聊一些肤浅的话题。我是在劝你要先更好地了解对方,然后,再开始讨论敏感话题。

不错的聊天话题包括你工作领域的发展趋势、天气、电影、书籍、体育运动（如果大家都感兴趣），以及你所处的环境，等等。

6.了解你的非语言技巧。

请复习第八章中讲过的原则。在参与聊天的时候，不要自顾自地看手机或者发消息，或者双臂交叉。

微笑，进行真诚的目光交流。

认真倾听对方讲话，并且，表现出你在认真聆听——人们是能够感觉到他人是否对谈话真有兴趣的。

七、真诚地关注别人

对建立融洽关系来说，真诚地关注他人这一点十分重要。但是现在，智能手机和电脑屏幕总会将我们的注意力从身边的人身上移开。调查显示，即使是放在桌上的电话，都可能会妨碍人们进行对话。

所以，你可以和别人随心所欲地聊天，想怎么握手就怎么握手，但是，除非你给予他们真诚的、完整的关注，不然，你是无法与他们建立连接的。

人们希望知道你在听他们说话。如果你总是看短信、敲键盘或者接电话，你是不可能得到对方的尊敬的。

我很诧异一点，自己竟然需要告诉别人："当有人在你家或者办公室时，不要接电话或者查看手机信息。"是的，这么做显得很无礼。

当你已经在与人谈话时，却又接了别人的电话，这就相当于快速而明确地告诉那个与你谈话的人，他（她）没有给你打电话的那个人重要。这就是会出现语音电话的原因。

有人曾告诉我，有家法律公司的合伙人在办公室与客户谈话的时候一直在接电话。直到他读了我的礼仪书，才了解到那么做有多么无礼，而这个人还拥有博士学位。

Chapter 16 在生活中如何避免冲突

我知道，有时候你必须接电话，但是，你应该解释一下为什么，比如，"我在等这个电话，这是我的医生打来的。"然后，你可以去接电话，并且，要尽快结束通话。

苏菲亚去探望一位生病的朋友，但是，那位生病的朋友却接了另外一位朋友的电话，她们一直聊了二十分钟。可以理解，苏菲亚很不开心："这会让我感觉，她的另一位朋友（那人甚至根本不在现场）要比我重要多了。"

无法集中注意力的问题并不只限于电话和电脑屏幕。有位男士告诉我，在面试过程中，正在进行面试的一位总经理不时地查看手机邮件。虽然，他最终被那家公司录用了，但是，他却没有接受这份工作——"谁愿意为一个根本不在乎我的存在的人工作啊！"

是的，我也不愿意为那样的人工作！

八、不要打断别人的话

这是出现在第一章中的一项内容。许多人都觉得，在所有令人厌烦的习惯中，这种习惯是最让人反感的，它严重影响你建立融洽关系的能力，所以，在这儿，我再次强调一下。

人们并不知道他们在打断别人，也不知道当有人打断他们的时候该说些什么。结果，就可能产生冲突——别人不愿意再和你谈话，他们有可能会避开你。
而如果大家见到你之后扭头就走，你也无法与他人建立良好的联系。
温斯顿·丘吉尔曾说过："当我说话的时候，不要打断我！"
你可能就是那个总喜欢打断别人话头的人。
"你在说我吗？"
没错，就是你！
许多人都没有意识到，他们在别人说话的时候打断别人，直到有人向他们指出——这已经成了许多人根深蒂固的习惯。

当然，有时候，人们也会彼此打断对方的话头。但是，如果这成了一种有规律的模式，就很招人厌烦了。有些人就因为在会议上不停打断别人，所以没有任何一个团队愿意要他。他自己也一头雾水。

我听说一个充满活力的图书讨论小组定下了这样一条规矩："直至有五个人表达了他们的观点，你才可以说话。"

这条规矩简直太棒了！每次你参加集体讨论的时候，也可以练习一下。

如果有人打断你的话头，你会说什么或者做什么

我鼓励你想出一句有礼、有力的话。你会很习惯说那句话，而且，它肯定有效。

你可以试着继续谈下去，并且给那个人点暗示。但是，有的人可能会对暗示无动于衷。你可以试试这几句话：

等我把自己的内容讲完了，我很乐意谈谈那个问题。

等我一讲完，就会谈到那个问题。

请等一下！

九、聪明人的幽默感

我并不想卷入有关政治的正确性和幽默感的讨论，因为那并非本书所涉及的范畴。我要谈的是如何与他人相处，以及在出现冲突时如何做出恰当的应对。

因此，在建立融洽关系时，要对自己的幽默感保持谨慎——如果你四处和别人说一些冒犯他人的笑话，是不可能与别人和睦相处的。

当我谈到这个话题时，人们总会发牢骚。而后，就会有人开始讲故事了："我朋友总是讲一些粗俗的笑话。"他们之所以会发牢骚，正是因为不恰当的笑话冒犯了他们。

Chapter 16 在生活中如何避免冲突

幽默感虽然可以成为一种有效的沟通工具，但是，它也可能把你炸得粉身碎骨。有时候，不恰当地使用它，可能很难发挥预期的效果——因为一个人觉得可笑的事情，对别人来说或许一点儿也不可笑。

有时候，故意显得有趣的话题，有可能会伤害他人的感情，或者无意间打击别人，这就会造成不必要的冲突。

我并不想禁止人们说笑话，但是，我确实觉得，大家应该明智地考虑一下——如何将他们认为幽默的事情恰当地表达出来。

对你来说，它可能像个笑话

讲述不合时宜的故事或者下流笑话，是不会被大多数人接受的，但是，有好多人却都不了解这么做的后果，这就是我想和大家分享下面这个故事的原因。

在新学期的第一天，我在读的MBA班上的一名男士在演讲中讲了个黄色笑话。

为了这件事，我好好与他沟通了一番。我告诉他这么做不合适，他却对我大发脾气，并指责我毫无幽默感可言。

然而，在接下来的几周里，他说，他意识到，自己讲那种笑话的次数比自己想象的要多。而且，由于公司的管理层没有将他列为升职候选人，他感到很生气。

那个学期结束时，他给我写了封信：

本学期的第一节课让我意识到，我之所以没有被视为升职候选人，在很大程度上，正是我的表达方式造成的。我的行为正是导致同事们纷纷给予我建议和反馈的原因，它也造成了我在工厂的糟糕表现。

我开始有意识地改变一些困扰我的事情。起初，我并不相信这些事就是我在公司不被重视的原因。但是，我很快意识到，它们恰恰正是根源所在。

我去上了你的培训班之后，三个月后，我获得了制模车间主管的职位。

正向沟通：非暴力人际沟通技巧

幽默一定不能是残酷的

你遇到过那种不停地拿别人开玩笑的人吗？关于别人的职业、信仰、文化、个人癖好、种族背景，等等。这除了会让那个讲笑话的人形象受损外，也会让其他人感觉很糟糕——这么做就是不厚道！

有位男士刚走进一位客户的办公室，他就注意到墙上的一张全家福照片——上面是那位客户、他的妻子以及六个孩子。

于是，他说："你真是虔诚的天主教徒啊！不是吗？"

几乎仅在那一刻，那位客户就已决定不和他做生意（那人并非天主教徒）。

幽默何时有效

不要滑稽，但要有幽默感。从一开始，幽默就可以被用来缓解紧张气氛——它可以让你不再把某件事情看得太过严重。

有一年的冬天，一天早上，我妈妈来看我。当时的室外温度大概只有10摄氏度，我正要送儿子去幼儿园。我妈妈看了我一眼说："芭芭拉，别忘了给雅各布穿上夹克。"

我对她说："谢谢妈妈，我确信，我会让他不穿夹克就离开家的。"她笑了起来，明白了我的意思。

当有人问了一个可笑的私人问题时，你可以幽默地做出回应。比如，"要是你能原谅我不回答这个问题，我就能原谅你问这个问题。"

有位男士问一位身材微胖的女士："你还怀着孕呢？"

她回答道："没有，我是替朋友怀呢，她度假去了。"

关于如何恰如其分地使用幽默的语言，最重要的一点是，谨记——你觉得可笑的事情，有些人却会觉得受到了冒犯。

十、要有礼貌

在商务场合、学校里以及日常生活中，使用礼貌用语不仅会对你构建和谐的人际关系有所帮助，而且，还会帮助你维持好已有的人际关系。

这些用语都很简单，如"谢谢你""请""打扰一下"以及"我很抱歉"。

如果你撞到了某人而不表示歉意，那个人可能会很生气。而你不承认自己撞到别人这一事实，会为你带来矛盾纠纷。

如果你能适时地对某人说一句"谢谢你"，他（她）将来很可能会成为你"生命中的贵人"。

礼貌用语的力量

那位对自己的行政人员使用礼貌用语的经理，会更容易完成自己想做的事情。那位对收银员说"请"的顾客，更有可能感受到一次愉快的购物体验，而不是令人讨厌的体验。

使用礼貌用语还意味着不适用诅咒性的、性别歧视的、种族主义的语言——那样的话，会让人们远远地避开你，或是再也不想认识你。

也许你并无恶意，但刻薄的语言仍然会造成伤害。你会冒犯他人，并显得很有攻击性。

十一、体贴他人

当我问大家"工作中什么事情会把他们逼疯"时，"不体谅别人"这个词，是我听到的出现频率最高的。通常意义上，有以下行为的人显然不会体谅他人：

把办公设备弄坏了，但却不让任何人知道它们需要修理。

把空汽水罐或者咖啡杯放在会议室的桌子上，自己不收走却等着别人打扫。

不尊重别人的隐私，或者发布子虚乌有的小道消息。

播放刺耳的音乐（即使戴着耳机），或者打电话声音太大，以致影响到别人。

查看一下这个清单，看看你有没有"中招"。

每天，你都要花很大一部分时间与同事们相处。因此，在工作时你应该努力做到体谅他人。反之，如果你在工作中从不为他人考虑，他们就可能会对你避之不及。

当他们看到你走过来时，心里可能就会想："哦！不！那个托尼又来了；他从来不会照顾到别人的感受。"

难道你不厌恶那样的人吗？

尊重邻居的空间

我曾经挨着一户人家住——这家人有几个正值青春期的孩子。孩子们常常在院子里大喊大叫，并且高声地播放音乐，有个孩子甚至在晚上8点到11点之间敲鼓！

开始，我还以为这些噪音很快就会停下来，因为孩子们的父母无疑会被逼疯的。但很明显，他们却表现得无动于衷。

我们有时会想："他们一定知道这是很令人讨厌的行为。"然而，在现实生活中，他们却经常并不知道。

最后，我与邻居家的那对夫妇做了一番深入交流。当我告诉他们，我能清楚地听见鼓声，就好像孩子们是在我身边演奏一样时，他们感到很惊讶。他们向我道了歉，并承诺孩子们可以在其他时间进行练习。

虽然有时候我还会在晚上听见鼓声，但至少不会像过去那么晚了。

而如果我没有正确地与他们沟通，情况可能会更糟——糟糕透了。

我听过很多有关邻居的可怕故事，我也听过父母不好好管教孩子的故事——孩子们在邻居家附近遛狗，把邻居家的花园当成捷径……这些就是粗鲁无礼的行为。

但是，如果你也用无礼的行为加以回击，只能把事情弄得更糟。

有时候，人们确实没有意识到自己的行为影响到你了。所以，你大可以直言不讳——只是要做到有礼有节。

十二、要意识到文化差异

在第五章中，我提到过——文化差异可能会导致人际冲突。

或许你在想："我哪儿都不去，我没必要了解这些事情。"

但是，在这个全球化时代，你还是需要了解更多相关信息——你可能会因工作或者休假出国；另一方面，你可能会遇到来自其他国家的访客或同事；你也可能通过即时聊天工具、电话或者电子邮件参与某项国际合作。

如果我们不了解文化差异，我们就很容易出于错误的理由认为别人是"蠢人"——这可能会成为发生人际冲突的主要领域。

一次，一位美国药业公司的副总裁和一位日本药业公司的高管会面。当他拿到日籍高管的名片时，竟然用这张名片来剔牙！

即使在一般的美国人看来，此举也是不礼貌的，更何况，这样的举动在日本是非常冒犯他人的行为——这位副总裁给人留下了很坏的印象，并破坏了他们之间的工作关系。

礼仪会因文化的不同而不同。当然，文化只是对行为发生影响的因素之一。其他因素包括：个性类型、性别、年龄、宗教、教育和这个人工作所在的组织氛围等。当然，其中并没有绝对性——国际礼仪中的每一条规范都可能会有例外。

但是，在全球范围内，你应该遵循一条基本原则——入乡随俗——如果你是位旅行者，就必须随时随地调整自己的行为方式。

正如我们希望来美国的游客都会遵守我们的习俗，在其他国家，你也应该了解当地的风俗习惯——如果是因公出差，你代表的就是自己的公司；如果是在度假，你就只是那个四处旅行的人。

正向沟通：非暴力人际沟通技巧

在你外出之前，必须先对目的地的风土人情做些了解和学习。有许多旅行指南类书籍、网站和旅行社，它们都可以让你了解不同国家、地区的风俗习惯。

你也可以与曾经在当地居住和生活过的人聊聊——找到你信任的人，并提出你的问题。你了解得越多，就越容易适应。

发生在你身边的文化差异

如果在家里，毫无疑问，你就身处自己的文化之中，你并不需要去调整、适应或者改变自己的行为。但是，在遇到文化差异时，我还是鼓励你保持开放的心态。如果你那么做的话，生活将会更有趣，压力也会更小。

作为一条通用法则，当你在与来自不同文化背景或者国家的人交往时，在你假想那个人是个"傻瓜"之前，请设想——你感觉到的差异可能来自文化或习俗的不同。

以下，是你应该遵守的其他四条准则：

（1）对不同的风俗习惯不要做出消极反应。

一位刚来美国的巴西妇女在初次与我见面之后，就亲吻我的脸颊与我告别。对此，我吓了一跳，不过，我还是亲吻了她的面颊作为回礼。

如果有人不了解或者不遵守我们的风俗习惯，不要带着敌意做出反应。他（她）确实应该努力适应当地民情，不过，这也许需要时间。

那个人可能是因为人地生疏，而且，也可能还处于适应期。

但是，如果你的某位外国同事或朋友来访时的所作所为确实困扰到你，该怎么办呢？你可以直言不讳地讲出来，与他们沟通那些令你不适的行为，只要做到有礼有节即可。这时，你应该注意：

· 小心谨慎。

在公共场合不要纠正他人。

你可以把他叫到一边，小心谨慎地对他说："在美国公司里，你可能并不清楚（缓和地声明）男人之间不彼此拥抱（困扰你的事情）。因为我了解你，所以，我并不在意。但是，如果你养成只握手的习惯（你要求他做什么）肯定会更好。好吗？（确认）"

· 不要侮辱人。

你只要简单地告诉他（她）当地人的风俗习惯，而不要说任何尖刻的话，比如："我们可不敢在这儿做这种事！"

你要对此保持礼貌和敏感。例如，你可以用这种更为积极的措辞："在美国，人们习惯排队等候。"

· 跟进。

你可以和那个人确认一下，看他（她）应对得如何。

你可以提供帮助与支持，成为他（她）的良师，来解答他（她）有关美国文化的任何问题。如果你在接待一名国际访客，你有责任帮助他（她）尽快适应。

（2）理解非语言的差异。

到目前为止，你已经明白了——控制好自己的非语言信息有多么重要。

在不同的文化里，非语言信息也会有所不同，了解这一点尤其重要。

比如说，眼神接触就是一种经常造成人际冲突的非语言信息。

在许多亚洲国家中，人们会避免直接的眼神接触以示尊重。但是，在美国，我们会觉得那些把眼神从我们身上移开的人十分可疑——我们可能会觉得他们鬼鬼祟祟、贼眉鼠眼，甚至是在隐藏什么事情——"明显能看出，那个讨厌的家伙根本没用心听我说话！"

我认识的一位在美国医院工作的护士长，曾经与一位来自亚洲的医生一起完成一个项目。每周他们都会见面，而这名护士越来越生气——这位医生从来不正眼看她。她觉得，他是因为自己是一名护士而看不起她。

终于有一天，她爆发了，她冲他叫道："你以为你是谁啊！你觉得自己比我强吗？在我们谈话的时候，你至少应该表现出一点尊重，正眼看着我吧？"

那位医生抬头看了看她，说道："但在我们国家的文化中，我就是在对你表示尊重啊！"（那位护士后来觉得自己像个傻瓜一样——一个大傻瓜！）

（3）对语言差异保持敏感。

我有一位比利时朋友，他说自己学东西很慢，直到自己22岁时，才学会第五种语言。

尽管世界上很多地方的人都说英语，尤其是从事国际业务的人。但你还是要明白——英语只是他们的第二或者第三语言。

我们可能会对那些说不好英文的人很苛刻。然而，我们却忘了——可能我们只会说这一种语言。

我和一位波兰朋友决定，帮助彼此学习对方的语言。

有一天，我对她说："波兰语太难了！"

她惊讶地看了看我，说："英语太难了！"于是，我停止了抱怨。

当你在与来自非英语国家的人交谈时，你可能需要说得更慢一些，但是，不要说得那么大声。

那些在与其他国家的人谈话时大喊大叫的美国人，其言行表现出的，恰恰是他们的无知。

（4）请记住，有礼有节是一种国际语言。

无论你到世界的哪个地方旅行，在每种文化的语境中，如果你都能保持有礼有节，你就会成为一名更开心、压力更少的旅行者。

当你遇到一位没有遵守我们的风俗习惯的游客时，还是要把人往好处想——假定他（她）是无辜的吧——他（她）也许只是一时不适应。

而如果你与这个人有某种联系，请尽量体谅并帮助他（她）。

从今天开始，做十二件避免冲突的事

在学会正向沟通技巧之后，你不需要一放下这本书就去与你的上司沟通，

Chapter 16 在生活中如何避免冲突

我却要鼓励你练习这十二种避免冲突的方法——立刻开始！

它们都很容易实现（尽管握手和聊天技巧可能会花更多时间才能掌握），而且，你马上就会有所收获。

而且，别忘了——给自己一个机会。

学习新的行为方式可能会花时间，有时，也可能会犯错，但是，如果你真诚地付出努力，它们就会对你有所帮助。

建立融洽的人际关系，将会使你最终成为一个受人尊敬的、优雅的、有礼貌的、有力量的人。

是的，现在，你就是我很高兴能遇到的那种人！

最后的寄语

恭喜你！你已经不再是个表里不一者、逃避者、抱怨者、自我贬低的人、恃强凌弱的人，或者大吵大闹的人。而且，你会思考如何成为一位有礼有节的人。

在本书中，我们谈到了许多关于正向沟通和避免冲突的基础内容。

没错，要学习的东西真不少。那么，首先，你该做什么呢？

别着急，你没必要在一夜之间就学会（并实践）本书提到的所有内容（与此同时，我还要提醒你，不要摩拳擦掌地冲出去与别人理论一番），你可以由小及大，逐步努力，直至你可以应对那些难缠的"狠角色"。

下面的"十一步计划"，可以帮助你开始行动：

1.自我评价。

花上几天时间，思考自己作为一位沟通者（或者交流者）时的表现如何。只需进行思考和反思即可，不用做其他事情。

记录日志——哪怕是一个小记事本也行。写下你在几天之中意识到的一些问题，这会帮助你发现哪些地方可以改善。

复习自我评估练习那一节的内容。告诉自己："总是做一个表里不一（或者装腔作势）的人，我真是受够了，是时候做些改变了！"

尤其要注意——你是如何使用社交媒体的——它是否也会对你生活中的冲突有所影响？

2.改掉不当的沟通习惯。

在不开心的时候,不对别人大喊大叫;站立的时候,不要交叉双脚或双臂。

不断练习——相信你能改正这些坏习惯。

我见过许多认为"我做不到"的人,最后,他们都做到了。

3.在决定与某人沟通之前,给他(她)进行一次"蠢人测试"。

他(她)确实是想伤害你吗?复习一下第五章中给出的可能造成冲突的原因,是它们让你最终选择放手的吗?

4.如果你决定进行沟通,准备好你的WAC措辞。

复习第六章中的步骤,一旦你准备好了WAC措辞,就可以与一位朋友进行角色扮演。

5.相信自己能够进行正向沟通。

6.一旦沟通中出现不利的迹象,要想出一条"撤退线路"(或备用计划),好让自己能顺利地离开房间。

你总能换个日子与他(她)沟通,很简单,你只要说:"我觉得现在不是好时候,我们改天再谈吧。"

或者:"我有点事情要处理,晚些时候再和你聊。"

7.自开始进行困难的谈话之前,按照第六章中描述的方法使用你的WAC卡。

它能帮你复习自己的W、A和C。你可以将卡片放在钱包里,在紧急的情况下,可以拿出来看。

8.总结你是如何做的,以及未来将有什么不同。

从一开始就不要期望自己是完美的,自然,以后也不要有这种幻想——正向沟通的方法,是一种你可以学会的社交技巧。

你能够做得更好,你也会做得更好。

9.理解你所处的状况。

在一夜之间,你不会发生变化,你的冲突对象也不会。

10.在正向沟通的世界中,一旦你感觉如鱼得水,就能减少生活中的种种冲突、对抗。

复习建立融洽关系的技巧。

11.享受正向沟通带给自己的好处。

你将学会如何放下一些事;你会对自己感觉更好,并有效改善与他人之间的关系。

此外,你不会在那些困难的沟通上再浪费时间。